档案管理数字化发展与创新研究

姚建明　著

中国书籍出版社
China Book Press

图书在版编目（CIP）数据

档案管理数字化发展与创新研究 / 姚建明著 . -- 北

京：中国书籍出版社，2022.7

ISBN 978-7-5068-9073-1

Ⅰ . ①档… Ⅱ . ①姚… Ⅲ . ①档案管理－数字化－研

究 Ⅳ . ① G271-39

中国版本图书馆 CIP 数据核字（2022）第 110592 号

档案管理数字化发展与创新研究

姚建明 著

责任编辑	毕 磊	
装帧设计	李文文	
责任印制	孙马飞 马 芝	
出版发行	中国书籍出版社	
地 址	北京市丰台区三路居路 97 号（邮编：100073）	
电 话	（010）52257143（总编室）（010）52257140（发行部）	
电子邮箱	eo@chinabp. com. cn	
经 销	全国新华书店	
印 刷	天津和萱印刷有限公司	
开 本	710 毫米 × 1000 毫米 1/ 16	
字 数	194 千字	
印 张	10.5	
版 次	2023 年 3 月第 1 版	
印 次	2023 年 3 月第 1 次印刷	
书 号	ISBN 978-7-5068-9073-1	
定 价	68.00 元	

前　言

随着科学技术的不断发展，信息化、大数据、人工智能等新兴技术迅速深入档案管理领域，带来了档案数据量的飞速增长，数据量激增为档案的管理带来了全新的问题与挑战。这就需要档案工作者加快推进传统载体档案数字化。档案数字化是借助数字信息化技术进行档案信息转化的一种技术，可以将文字和图像信息转化为数字信息。近年来，数字化技术实现了广泛普及，这是一种以计算机网络技术为核心的技术，可以广泛应用于各个领域，以促进信息的数字化转变。在档案管理过程中应用数字化技术，使以前的纸质管理方式转变成计算机数字化管理方式，管理方式的转变能够很好地提高工作效率，同时增强档案管理工作的安全性与可靠性。在新时代背景下，档案数字化建设已然成为档案管理工作的重要趋势。我们应按下档案数字化管理的快进键，以实际行动做好传统载体档案数字化转型工作，实现传统载体档案"数字转型""数字升级""数字换代"，通过档案数字化管理，可以让档案资源的作用得到充分发挥。同时不断提高档案数字化管理现代化水平，促进档案管理工作的顺利进行，努力开创档案事业新局面。

本书共五章内容，第一章介绍档案管理基本情况，内容包括档案管理工作、档案管理模式和档案信息资源开发；第二章介绍档案管理创新探索，主要介绍了档案信息服务升级、档案信息化建设与档案管理和档案管理工作者创新研究三方面内容；第三章探究档案数字化建设，从档案数字化建设概述、档案数字化建设思考和档案数字化建设问题及对策三方面进行了研究；第四章介绍档案管理数字化发展，内容包括档案管理数字化基本认识、档案管理数字化发展存在的问题和档案管理数字化创新发展的策略；第五章分析档案数字化管理，论述了档案管理数字化转型、档案管理信息系统建设和档案数字化管理，并以医疗档案管理为例，分析了档案数字化管理的应用情况。

　　在撰写本书的过程中，作者得到了许多专家学者的帮助和指导，参考了大量的学术文献，在此表示真诚感谢。本书内容系统全面，论述条理清晰、深入浅出，但由于作者水平有限，书中难免会有疏漏之处，希望广大读者、同行及时指正。

作者

2022 年 1 月

目　录

第一章　档案管理基本情况

本章主要介绍档案管理基本知识，分别从档案管理工作、档案管理模式和档案信息资源开发三方面进行详细介绍。通过本章内容，可以对档案管理工作有一个全面、深入的了解。

第一节　档案管理工作

一、档案管理工作基本认识

（一）档案

1. 档案的定义

随着社会生产实践活动的深入开展，人们也逐渐加深了对档案的认识，档案的概念越来越清晰。现代档案学正式界定了档案的内涵和外延，人们对于档案概念的理性认识是多样化的，并且随着认识的加深而不断变化。近几年，专家学者不断丰富档案的内涵，这表明人们对档案的认识是全方位的。人们所处的社会历史条件影响着认识档案的角度和侧重的方面。

国内外对档案的定义是多种多样的，我们可以在借鉴优点的基础上，完善档案的定义，使其更符合实际情况。

档案指的是国家机构、社会组织和个人在社会活动中直接形成的保存备查的文字、图像、声音以及其他各种形式的历史记录。从上述定义中，我们可以总结出档案的本质属性，那就是"历史记录"这一特性。早期，我国采用的是"文件"这一表述来界定档案的定义，随着认识的不断深化，人们认为"历史记录"与档案更加契合，也符合相关法律、规章制度中对档案的表述。

2. 档案的作用

（1）档案的参考作用

档案本身记录的内容是多方面的，一是能够记录真实发生的历史活动，二是能够记录在各种活动中人们总结研究的经验，三是能够记录各种活动中经济和文化艺术的成果。总之，档案能够将社会生活的各个阶段和各个方面真实地反映出来。对机关工作活动的真实记录就是机关的档案，能反映国家发展情况的真实记录就是国家的全部档案。一般说来，单个材料是不能真实地反映事物内容的，相互联系的、系统的材料整体才能真实客观地反映事物内容。档案是有机联系的材料整体，档案的参考作用主要应用在以下方面：查考既往情况、研究事物发展规律、掌握历史进程、继承历史遗产等。

图书、资料等参考材料也具备一定的参考作用，但是档案的参考作用与之相比具备自身特色。

一方面，档案同时具备原始性和可靠性。当时历史活动过程中的文件是最原始的材料，具备相当强的可靠性，这些第一手的档案材料转化为档案，是不能够随意编写、修改的。

另一方面，档案记录的内容是多方面的，因此，可供参考的内容也是多样的。档案能够记录历史的各个阶段，同时也是人类实践活动各方面的真实记录。

最后，档案能够为人们的工作和生产活动提供必要的参考，为人们解决各类问题提供真实的依据。

在凭证和参考方面，档案发挥着重要作用，档案的凭证和参考作用不限历史时期，不限档案范围。时至今日，档案的凭证和参考作用在档案建设方面依然占据重要位置，为档案建设提供了凭证与参考价值。

（2）档案在社会主义革命和社会主义建设中的作用

在档案形成和发展过程中，档案的作用具体表现在以下几个方面。

第一，单位工作重要的参考资料就是档案。单位工作为了更有效地进行，必须搜集丰富的档案资料，以便于随时能够开展调查研究。单位工作形成的历史记录就是档案，在工作过程中需要做出某项决策或是解决问题时，单位领导和工作人员重要的参考资料就是档案，通过查考档案，总结历史经验，既可以指导当前的工作，也有利于解决一些问题。参考过去的档案材料能够做出相对科学的工作计划，使得工作更有效地开展。工作开展实践表明，档案在单位工作中发挥着重要的作用，以档案为参考，一方面能够提高工作实效性，另一方面，也能够避免官僚主义，塑造优良的工作作风。

第二，生产活动的重要参考依据也是档案。在工作和生产活动中形成的档案记录着当时的生产情况、生产活动的成果以及生产活动中的经验教训。持续地进行生产建设必须以档案为参考，通过查阅档案，可以更清楚地了解当地的条件、优势，在调查研究的基础上，根据历史情况和现实状况来有效地指导生产建设。依据档案指导生产建设分为多种情况：可以参考档案材料制定符合实际的生产建设计划；可以通过查找利用档案搜寻当地的名牌产品，用来指导商业网点的建设，让企业的发展符合市场经济的规律；可以参考档案材料，重点是科学技术档案，提高生产和技术水平，谋求企业高效率发展；等等。现代化的生产管理过程中，档案是必不可少的参考依据，档案越完整，发挥的作用就越大，能够在很大程度上节省人力、物力、财力，节约生产成本。如果没有完整的档案作为参考依据，很可能会导致一系列的问题，比如，导致生产事故从而造成重大损失等，对此，应该提高警惕。

第三，在群众中开展宣传教育，可以把档案当作素材来使用。档案可以成为宣传教育的生动素材，这是由档案的特点决定的。原始性、真实性和可靠性是档案的突出特点，可以通过查找利用档案进行文艺创作，比如，写回忆录等；利用档案也可以举办丰富多彩的展览活动。档案的典型特点可以让以围绕档案开展的各项活动更具说服力和感染力。

档案在爱国主义教育方面同样发挥着重要作用，通过开展档案宣传活动，我们可以了解党的光荣历史和革命传统，不仅如此，我们还可以利用档案了解老一辈无产阶级革命家的英雄事迹，这会对人民群众思想觉悟的提高起到积极的促进作用。档案包含了多方面的内容，我们可以在旧政权档案里，找到反动统治阶级对人民群众残酷压迫和剥削的记录，同时也能看到人民群众斗争和反抗的历史记录；我们可以在革命历史档案里，找到革命先辈不畏艰险、勇于抗争，致力于实现革命理想和革命目标，抛头颅、洒热血的英勇事迹的记录；我们可以在中华人民共和国的档案里，找到新中国成立后，在中国共产党的领导下，中国人民取得了社会主义革命的胜利成果以及社会主义建设的伟大成就的记录，同时在档案里也记载着在建设过程中的经验教训，利用这些档案对人民群众进行思想教育，会使人民更加珍惜革命和建设成果，拥护共产党的领导，对国家和民族建立自信心和自豪感。

第四，档案也是一种法律信证，能够在一定程度上维护国家、集体和个人的权益。这里说的档案是法律信证主要指的是档案是人类社会实践活动的真实记录，能够将既往事实如实地反映出来，这是因为档案是最原始的记录，能够成为法律信证，所以档案才能维护国家、集体和个人权益。例如，条约、协议、合同、名单、记录、报告、书信、账本等属于原始材料，反映了一定的政治、经济和社会关系，同时也记载着事件的发展过程、各方面的权利义务等，这类档案就是最真实的证据，能够发挥法律信证的作用，可以利用这类档案查证过去工作的得失、审理行政人员违法渎职的问题、评判人们的纠纷，有据可查就能理清事情的来龙去脉，从而划分清楚责任。

（二）档案管理

不论是我国的事业单位还是国有企业、私营的市场经营主体，其档案管理工作均是其日常工作的重要组成内容之一。为了提升有关单位的工作效率与发展水平，档案管理工作的内容与方式等需要根据不同时代的具体要求而进行相应改变。提高有关单位的档案管理水平，能够帮助其适应新时期的工作需要，维护主体的良好发展状态。

1. 档案管理的特点

（1）制度完善性

很多单位基于对档案信息的使用构建了相对全面的档案管理制度。但是其具体的制度落实缺少相应的规划与人员安排，导致档案管理工作在实践过程中趋向于混乱，档案管理的实际效果不佳。现阶段档案管理的突出特点就是制度的完善性。不论是何种主体单位，其档案管理的相应制度安排只有在具有完善性的情况下才能够指导主体工作的展开，也才能够通过制度创新促进工作效率的提升，进而为主体工作竞争提供充分帮助。

（2）内容创新性

档案管理的创新性对档案管理的效率提升有重要影响。信息的创新管理方式在我国众多领域都得到了推广应用。而档案管理的新方式应用也成为大势所趋。在新时期，有关主体应该充分利用电子计算机技术等作为档案管理工作创新的有效手段，以提升档案管理的实际效果。如果档案管理工作拘泥于传统的人工与纸质的方式，档案管理的效率就不会提升，档案管理的工作促进作用就不会得到很好发挥。

（3）人员专业性

档案管理工作的内容具有专业性，其工作的创新性发展同样需要专业技术的支持，档案管理工作的效率提升取决于工作人员的专业水平。一旦员工的技能不过关，就会影响到档案管理内容的展开，进而影响到管理的效果，不利于有关单位的发展。

2.档案管理的原则

（1）统一领导、分级管理

第一，在各级人民政府的统一领导下，全国各地的档案工作由各级档案管理部门统一、分级、分专业进行管理。分级管理主要指的是全国的档案工作由各级档案管理机关分层次进行管理。

第二，各级各类档案管理机构集中管理我国的全部档案。机关、团体以及企事业单位的档案管理机构集中管理本单位的档案，对于单位内需要长期保存的档案需要送至档案馆，由各级档案馆进行集中保管，没有得到批准，不能转移、分散、销毁任何档案。

第三，党政档案和党政档案工作实行统一管理。

党和政府直接领导全国的党政档案工作，各级党政机关的档案工作接受档案管理机构的领导，各级档案管理机构肩负着统一指挥、监督和检查的重要职责。从这个角度讲，各级档案管理机构具备党的机构和政府机构双重性质。

（2）保证档案完整与安全

档案管理工作最基本的要求就是保证档案的完整与安全。完整的档案是档案工作的基础。档案的完整主要指的是保证档案内容具有一定的联系性、真实性，同时档案的数量是齐全的。档案管理机构对所获得的文件必须认真审核，确保档案内容真实、可靠并确保没有遗漏，在必要时能有效使用，否则档案将失去存在的意义。

档案的安全主要指的是档案在实体和机密两方面都具备安全性。档案管理部门采取一定的措施保护档案的物质安全和政治安全，一是保护档案免遭毁坏，使档案能长久保存；二是保守档案的机密，档案管理人员应分类、按需存储，并做好标记。明确哪些文件可以看，哪些文件要有访问权限才可以看。必须建立严格的档案管理制度，需要查阅建档的档案资料必须按照规定办理才能借阅，并严禁外泄档案资料，防止档案的丢失或泄露。

（3）便于社会各方面的利用

开展档案管理工作的根本目的就是为了更好地利用档案，同时档案是否便于利用也是评判档案管理工作质量的重要指标。因此，就需要将档案利用的理念渗透到档案管理的各个环节中。

综上所述，档案管理必须遵循相应的原则才能更好地开展工作，档案管理的三个原则相互联系，不可分割。居于核心位置的原则是统一领导、分级管理，这是保证档案完整与安全、便于社会各方面利用的前提，档案管理的目标和方向就是便于社会各方面利用，这是档案管理的价值所在。

3. 档案管理的要求

（1）完整性要求

在档案管理过程中要重点注意档案收集工作的齐全和完整，一方面要在数量上保证档案的齐全；另一方面要在质量上保证档案之间的联系性，确保档案能够反映历史的真实面貌。

（2）安全性要求

档案安全是非常重要的，是档案发挥参考、凭证作用的前提。档案的安全性主要是指档案在实体方面和信息方面的安全。档案的保管环境很大程度上决定着档案的实体安全，档案的内容安全和计算机管理交流的安全是档案数据信息的主要影响因素。只有确保档案是安全的，才能使得档案信息完整地延续下去。

（3）科学性要求

档案管理的科学性主要包括管理技术的科学性和管理模式的科学化两方面内容，这两方面都深刻影响着档案管理的发展，但是二者相比，最重要的是管理模式的科学化。管理模式的科学化是提升档案管理质量的有效手段，也是提升档案信息准确性、有效性，发挥档案作用实现档案价值的重要保证。

（4）规范性要求

对档案进行规范性管理能够有效激发档案管理的社会效益和经济效益。健全的档案管理制度是档案规范性管理的重要保证。档案管理标准化、规范化能加强对各类档案资料的科学管理，进而推动档案管理的发展。

（5）现代化要求

档案管理现代化主要是以系统论等现代管理科学为指导，引进现代化的管理技术与设备，调动档案管理人员的积极性，将现代化管理方式和手段代替传统的档案管理方式，使档案管理向系统化、定量化、信息化、智能化方向迈进。现代社会的快速发展必然会推进档案管理的现代化进程，档案管理的现代化要求档案管理部门将最新的科学技术应用到档案管理过程中，推动传统档案管理向现代档案管理转变。档案管理现代化是档案事业发展的必由之路。

二、档案管理工作具体内容

（一）档案收集工作

1. 档案收集工作的内容

接收档案和征集档案是档案收集工作内容的主要方面。档案馆（室）对档案进行收存的活动就是档案的接收。按照国家规定，档案馆对散存在社会上的档案和文献进行征收的活动就是档案的征集。档案的征集在整个档案收集工作中同样发挥着重要作用，通过档案的征集可以补充档案部门取得和积累的档案。

档案收集工作内容具体包括以下三个方面：（1）机关内会产生需要归档保存的档案，档案收集工作需要接收这类档案；（2）各现行机关和撤销机关会产生具有长久保存价值的档案，档案收集工作需要接收这类档案；（3）随着时间的推移会产生历史档案，档案收集工作需要接收这类档案。

2. 档案收集工作的意义

档案管理工作的开展是从档案收集工作开始的，档案收集工作是档案工作的第一个环节，档案收集工作发挥着不可替代的作用。

档案馆（室）不断收集和积累在历史上形成的和现实生活中产生的文件，这就是档案馆（室）中档案的来源，档案馆（室）内部是不会产生档案的。档案馆（室）取得和积累档案主要是通过档案收集工作来完成的。档案收集工作是档案业务工作程序的起始环节，档案馆（室）通过收集工作取得档案，而这些档案就是档案工作实际的管理对象。从全国档案工作的角度来讲，档案收集工作贯彻了集中统一管理的原则。做好档案收集工作能够形成统一的档案材料基地。

档案收集工作能对档案工作的其他环节造成影响，从而影响档案管理的整体质量。因此，在档案收集环节要注意收集的及时性、档案材料的完整性，在收集过程中还要做好鉴选工作，这样才能为档案管理的各环节做好铺垫，才能将更多的力量用于档案研究和利用，推动档案工作的良性发展。如果档案收集不足或者档案文件残缺、利用价值不大，档案为各项工作服务的作用就不能充分发挥，不利于维护历史文化财富的安全，也不利于发展社会主义科学文化事业。

总而言之，档案收集工作是非常重要的环节，是全部档案业务工作的基础，只有将档案收集工作做好，才能确保档案的完整性，才能健全地开展档案管理工作。

档案的收集工作需要处理多方面的关系。档案收集工作往往需要一些政策的支持，比如，法治和民主、民族政策、统战政策等。特别是在收集历史档案时，需要处理好国内关系和国际关系。所以，档案的收集工作具备很强的政策性，需要档案管理人员具备较高的政治素养，通过恰当的方法做好档案收集工作。

3.档案收集工作的特点

（1）预见性与计划性

人类的生产生活必然会产生一定的档案资料，但是这些档案资料是比较分散的，需要通过调查研究和预判分析，掌握档案文件形成、使用和管理的规律，从而来指导档案收集工作。档案用户利用档案有一定的规律和特点，档案馆（室）可以根据这些规律和特点做好档案文献的收集计划，尽可能使档案文献满足社会需求。

（2）针对性与及时性

以国家相关规定为参考依据，各级各类档案馆（室）需要在收集范围内来收集档案，不能收集本馆（室）收集工作范围之外的档案。档案部门积极采用多样化的收集方式，掌握相关的档案信息线索，及时收集档案，不能拖延迟误。

（3）系统性与完整性

档案收集工作的系统性包括横向和纵向两方面，从横向角度来分析，收集来的档案在种类和内容方面必须是齐全完整的，属于同一项社会活动的档案之间存在一定的联系；从纵向角度来分析，收集来的档案可以将一个地区、一个部门、一个专业系统、一个单位的历史脉络真实地反映出来。除此之外，档案的科学文化价值也是档案收集工作需要考量的重点，收集能够发挥积极作用的档案能够促使档案馆（室）充分发挥参谋和咨询的作用，促进档案史料的开发和利用。

（二）档案整理工作

1.档案整理工作内容

为了更方便地保管和利用档案，利用科学的理论与方法对档案进行整理，使档案既符合形成的规律和特点，又能形成科学有序的体系，这一活动就是档案整理工作。

整理工作的内容取决于档案的存在状况，根据档案整理工作内容的范围差异，可以将档案整理工作内容分为如下三类。

（1）系统排列和编目

机关各部门会按照归档要求整理本部门的档案，并整理好的档案交由档案室统一保管。立档单位根据入馆要求整理本单位档案，将整理好的档案移交档案馆统一保管。档案管理工作对档案的存放和整理提出了一定的要求，档案整理工作需要扩大范围，系统排列全宗内的档案，加工部分的案卷目录。

（2）局部调整

档案整理工作需要局部调整不符合档案馆（室）整理要求、不方便保管利用的档案，提升这部分档案的整理质量。随着时间的推移，档案自身或整理体系会发生一定的改变，需要调整改变的部分。

（3）全过程整理

针对接收和征集的零散文件，档案馆（室）需要进行全过程整理。另外，当出现库藏体系遭到严重破坏的情况时，档案馆（室）也需要进行全过程整理。

2. 档案整理工作的意义

（1）档案整理可以挖掘档案文件之间的关系，促进档案价值的实现。为社会提供及时、系统的服务是保存档案的重要目标。为了实现这一目标，必须科学整理档案，这样才能使档案为社会所利用。档案整理工作能够使档案更加系统化，将档案历史纪录的特点完全展现出来，同时也能将各项活动的历史联系和本来面貌完整地反映出来，充分实现档案的利用价值。通过档案整理可以使档案构成一个体系，为档案价值的利用创造便利条件。

（2）档案的其他业务活动是在档案整理的基础上开展的。档案整理工作既有利于档案价值的利用，也有利于整个档案管理工作的开展。前面已经介绍了为社会提供服务是档案工作的重要目标，档案收集工作是档案管理程序中的起始环节，档案整理工作是档案管理程序中承上启下的环节。档案工作人员需要整理收集或征集来的档案，通过档案整理工作可以评判档案收集工作的好坏，进一步提升档案收集工作的质量。一般情况下，档案的整理工作和档案价值的鉴定工作是并行的。通过考察和分析档案，来鉴定档案的价值，通过对档案的系统整理，来划分档案不同的类别，根据类别的不同确定档案的保管期限。档案的保管、统计、检查等具体工作是在档案整理的基础上进行的，档案整理工作为其提供了工作的对象。编制档案检索工具与编写参考资料也需要以整理后的档案为重要依据。

（3）档案整理是实现档案管理现代化的要求。通过整理档案实体，能够使档案更具系统性，在一定程度上推动档案现代化管理进程。举例来说，计算机库房管理系统、编目系统对档案实体的体系化有一定的要求，档案数字化和信息化也要求档案原件具有一定的系统性、集中性，因此，系统整理的档案在一定程度上能够推动档案管理的现代化。

3. 档案整理工作的原则

（1）以原有的整理为基础，充分利用原有整理档案

对社会活动和历史事实的记录就是档案，档案能够将当时整理和保存档案的

情况如实地反映出来。档案整理工作需要充分利用原有的整理档案，使原有文件的历史联系保持不变，不仅能够提升档案整理的效率和质量，也能在一定程度上体现出对历史和前人的劳动成果的尊重。

充分利用原有的整理档案，对已经整理好的档案，不要盲目地再次整理。通常情况下，整理过的档案已经形成了一定的整理体系，具有了一定的整理基础，不需要打乱原有的档案返工重整，只需要在原有的基础上稍加整理或补救，就能将档案整理好，既能节省人力物力，也能使档案满足利用的需求。

总而言之，原有的整理基础对档案整理工作意义重大，原有的整理基础代表了一定时期档案整理的水平，不要随意更改原整理基础，除非是特殊情况。

（2）保持文件之间的历史联系

文件在产生和处理过程中不是孤立地发展的，相互之间会形成一定的联系，我们将这种联系称为"文件之间的历史联系"，或者将其称为"内在联系"或"有机联系"。单件的个体形式往往是档案文件产生的主要形式，组合的群体形式往往是文件的存在和运动形式。在此认识上进行档案整理工作，就需要保持档案文件之间科学的联系，最大程度地将文件的固有联系原封不动地保持下来。

文件之间的历史联系，主要表现在来源、时间、内容和形式等几个方面。

①来源方面的联系

来源方面的联系主要表现为机关及其内部组织或者个人产生文件，不同的文件产生单位构成了不同的文件来源，这些文件来源单位不是孤立的，而是存在着有机的联系。在档案整理工作过程中，需要关注文件来源方面的联系。整体来讲单位文件之间的历史联系呈现多样化的特点，其中首要的联系就是来源方面的联系，了解和掌握文件来源方面的联系对档案整理工作意义重大，不仅能将文件形成单位的活动面貌反映出来，还能将档案作为历史记录的属性深刻体现出来。

②时间方面的联系

时间方面的联系主要表现为在工作活动过程中，形成文件的主要对象为机关、组织或个人，文件的形成需要一定的过程，在这个过程中，文件之间就具备了一定的时间联系。在进行档案整理工作时，需要在保持文件来源联系的基础上，不改变文件之间的时间联系。

③内容方面的联系

内容方面的联系主要表现为机关、社会组织为了解决相关的问题，在履行职权的过程中会形成文件，这些文件可能是同一项工作或同一次会议上形成的，在内容方面联系紧密，在进行档案整理工作时，要特别注意文件内容方面的联系。

④形式方面的联系

形式方面的联系主要表现为文件的作用和文件的形式存在紧密的联系，文件的形式在一定程度上能将文件的来源、时间和内容的性质表现出来。所以，文件之间的联系也可以通过文件的形式反映出来。文件的种类、名称等方面表现了文件的内部形式，文件的载体和记录方式等方面表现了文件的外部形式，内部和外部两种形式构成了文件形式的主要内容。

需要从辩证的角度看待和处理文件之间的历史联系。

第一，保持文件之间的历史联系最关键的是找到文件之间哪种联系是最紧密的，进而通过多种形式将最紧密的关系保持住。毫无疑问，文件之间的联系是多种多样且错综复杂的，在档案整理过程中。需要根据文件情况在错综复杂的联系里找到文件之间最紧密的联系，找到之后，还应该在档案的来源、内容、时间和形式等各方面保持文件的联系，推动档案鉴定、检索和利用工作的有序开展。

第二，档案整理工作必须以实际情况为出发点，不能简单地评说优劣。不同的档案具备各自的特点和形成情况，在整理档案的过程中，应依据这些条件采取不同的方法保持文件之间的联系。同时，保持文件的联系需要全局视角，从整理工作的各环节和各方面全面考虑，不能片面和孤立地看待文件的历史联系，否则就会导致文件之间的联系理想化和绝对化。

（3）便于保管和利用

在档案整理工作过程中，为了更好地保管和利用档案，需要在原有的基础上保持文件之间的联系。但是，特殊情况下，保持文件的联系和保管利用之间存在一定的冲突。例如，有些文件需要机密保存，有些可以公开。保持文件联系的原则不适用于保持文件之间的联系和便于保管利用而发生冲突的情况，因为保管和利用是档案工作的目标，在这里就要优先考虑怎样更便于档案的保管和利用。档案的类型不同，在记录方式、载体材料、机密程度和保管价值等方面也可能存在差异，在整理这些档案时，就需要有针对性地进行组合分类，尽可能使文件之间保持最紧密的联系。

（三）档案鉴定工作

1.档案鉴定工作的内容

鉴定档案的价值和鉴定档案的真伪这两部分组成了档案鉴定工作的全部内容。我国现阶段基本是把档案的价值鉴定作为档案鉴定工作的重点工作来进行。档案的价值鉴定主要指的是以相应的原则和标准为依据，档案机构对档案的价值进行判定和鉴别，对档案的保管期限加以确认，对没有保存价值的档案进行销毁的工作。

一般情况下，档案鉴定工作的内容主要有以下几点。

一是制定统一的档案价值标准，制订各种各样的档案保管期限表。

二是针对档案的价值，进行科学分析，依据档案不同保存价值来划分档案的保存时间。

三是针对没有保存价值的档案，做销毁处理。

2. 档案鉴定工作的意义

在档案管理中，开展档案鉴定工作有着十分重要的意义，具体表现在以下几个方面。

（1）便于明确档案是否需要进行保管以及保管的年限

档案鉴定工作是一项严格、复杂的工作，鉴定档案不是一件简单的小事，存在一定的难度，不仅需要持续地甄别文件的保存价值，还需要设定文件的保管期限和所属案卷，预测某一特定文件在未来是否具有价值。想要完全准确地预测是很困难的，只能尽可能准确地预测文件在未来的利用价值，档案的存储和保管年限的确定也需要根据鉴定结果来进行。

档案鉴定工作具有非常大的难度，因此，在开展这项工作时，需要持有严肃认真的工作态度，尽可能准确地判定文件的价值，避免造成不必要的损失。

（2）便于应对突然事变

水灾、火灾、地震、战争等都不在计划范围内，这些天灾人祸都属于突然事变的范畴。开展档案鉴定工作具有重要的意义，明确档案的价值，在突然事变和必要情况下，重点保护和抢救保存价值大的档案，尽可能完整、安全地保护这些档案，避免造成不可挽回的损失。

（3）便于查找利用有价值的档案

对档案进行利用是档案保存工作的重要目标。但是如果将有保存价值的档案和无保存价值的档案混放在一起，人们将非常难于找到自己需要的档案（有价值的档案）。通过开展档案鉴定工作，可以剔除掉无保存价值的档案，只保存有价值的档案，如此一来，更加便于人们查找和利用档案。

3. 档案鉴定工作的原则

在展开档案鉴定工作时，需要遵循一定的原则，具体来说有以下几点。

（1）利益性原则

利益性原则是档案鉴定工作开展过程中必须遵循的原则。利益性原则要求档案鉴定工作人员站在一定的高度衡量档案的价值，即维护国家和人民的整体利益。

（2）全面性原则

首先，要综合档案的各个方面对档案的价值进行判定。

文件的构成要素在实际工作中是多种多样的，目前档案鉴定的情况是：文件的内容越重要，其价值越高。在档案鉴定工作开展过程中，要想对档案价值获得比较正确的认识，必须将文件的来源、形成时间等因素纳入考虑范围。

其次，要全面把握被鉴定档案与其他档案之间的关系。

文件在各个单位和各项工作的形成过程中不是孤立的，而是存在着紧密的联系，应从整体的角度来判断档案文件的价值。档案鉴定人员通过对档案内容和用途的把握，可以更准确地鉴定档案的价值。

最后，要对档案的社会需要进行全面预测。

社会对档案有着多角度、多方面的需要，档案能够满足社会的多种需要。在开展档案鉴定工作时，不能片面地考虑某个方面的需求，应该综合考虑社会多方面的需要。

（3）历史性原则

档案在一定的历史环境中形成，是人类从事实践活动的产物。概括来讲，档案形成的历史条件深刻影响着档案的内容和形式。由此看来，在鉴定档案的价值过程中，需要分析档案形成的历史环境，在此基础上考虑档案当前和将来的利用价值。

（4）发展性原则

档案的价值具有一定的时效性，同时社会对档案的利用需求也是不断变化发展的。要将发展性原则应用到档案鉴定工作中，在鉴定档案价值时，要具备发展的眼光，同时兼顾档案的现实作用和长远作用，这样才能科学预测档案的价值。

（5）效益性原则

效益性原则注重收益与付出之比。在鉴定档案价值过程中，判定档案是否具备保存价值，主要是通过衡量档案能够利用的价值是否超过了保存档案过程中需要付出的代价。

（6）规范性原则

规范性原则要求机构、组织按照国家法律、法规、行政规章、地方规章及地方性法规的相关规定来鉴定档案的价值。在档案鉴定工作开展过程中，各类档案管理部门和机构、组织在执行相关的规章制度时需要注意一点，即将"法无授权不可为"的要求融入档案鉴定工作的原则之中。

4. 档案鉴定工作的标准

档案本身具备一定的价值，这是客观存在的，不以人的意志为转移。但是，在鉴定档案的价值方面，主要是通过人们的主观判断来进行。所以，在开展档案鉴定工作时，只有依据相关的档案鉴定工作标准，才能科学、客观、准确地鉴定档案。这里档案鉴定工作标准主要包括四方面内容。

（1）档案的来源标准

档案的形成者就是我们常说的档案的来源。从社会层面和机关内部层面来分析，档案形成者具有不同的地位，发挥着不同的作用，档案的价值也往往受此影响。开展档案鉴定工作如果以档案的来源作为标准的话，需要重点关注以下几点。

第一，要注意区分不同的作者。

通常情况下，本单位保存档案时应将着重点放在本单位制成的文件上面。对于那些与本单位有所关联的外来文件，需要具体分析外来文件的内容与本单位的职能活动的关联程度。详细来说，针对与本单位有隶属关系的机关的来文，在开展档案鉴定工作时，需要付出更多的精力。同时，这类文件的价值相对来说也会更高。

第二，要分析本单位制成文件的作者的职能。

单位领导人、决策机构、综合性办公机构等制发的文件在单位制成的文件中发挥重要作用。单位的文件绝大部分由这类文件构成，其中的一小部分是一般性的文件，即一般行政事务性机构等制发的文件。

第三，要分析档案馆接收对象的地位和作用。

各级各类档案馆依据档案形成者的地位、作用和职能情况来确定档案的收集范围。通常情况下，具有较高的价值、适合长期保存的档案是地区党政机关的档案，本地区影响较大的、具有典型性和代表性的单位的档案以及著名人物的档案等；档案价值较低、不适合长久保存的档案是基层单位形成的档案、普通人士形成的档案等。

（2）档案的职能标准

档案的职能标准主要指的是根据立档单位在整个政府系统中所具有的地位及其重要性来鉴定档案的价值。具体来讲就是最高级别的机关所形成的档案具备的价值要高于一般机关所形成的档案的价值。而且，档案的保管期限也受立档单位的级别与地位的影响，换句话说，永久保存的档案与立档单位的级别存在正相关的关系。不仅如此，在保存档案时，机关档案部门要保存价值高的档案，具体来讲就是，价值高的档案能够证明本机关的存在、发展以及历史作用，在本机关的职能中，发挥着凭证或评价的作用。

（3）档案的内容标准

最能体现档案价值的部分就是档案的内容。档案的内容包括档案所记载的事实、现象、数据、思想、经验、结论等。在开展档案鉴定工作过程中，档案的内容标准是重要的工作标准，利用这一标准时，必须要保证档案内容的真实性，除此之外，还有如下几点需要特别注意。

第一，分析档案内容的重要性。档案是对历史最真实的记录，具有客观性。历史事实的重要性有等级之分，记载着重要历史事实的档案，具备较高的价值，因此，从这个层面分析，我们可以得出这样的结论：档案的价值取决于档案记录的历史事实的重要性。有些档案文件记录了方针政策、重大事件和主要业务活动等，这类档案的价值就高于一般的事务性文件；有些档案文件记录的情况比较全面，这类档案的价值就高于记载局部情况的文件；记录着典型性问题的文件，其重要性要高于记录着一般性问题的文件。

第二，分析档案内容的独特性。实践研究表明，档案的价值和对利用者的吸引力深受档案内容独特性的影响。档案馆（室）在保存档案时，避免出现馆藏档案重复的情况，如此一来，才能尽可能地保证档案内容的独特性。

第三，分析档案内容的时效性。档案作为处理事务、记录事实、传递信息的手段，在行政上、业务上等都具有时效性。影响档案价值的重要因素就是档案的时效性，开展档案鉴定工作，判定文档价值需要充分分析文件内容的时效性和变化情况。

（4）档案的形式标准

一些情况下，档案价值也受档案自身形式的影响，所以，鉴定档案价值的重要依据也包括档案的形式。这里所说的档案的形式，主要包括以下几方面的内容。

第一，文件的名称能够对文件的作用和文件的价值产生影响。一般来说，像命令、决定、纪要、条例等这类权威性较高的文件具备较大的价值，因为这类文件能够反映重要的方针政策、重大事件等；像简报、通知、来往函件等这类用于对一般事务进行处理的文件，具备较低的价值。

第二，文件的形成时间也影响着档案的价值，产生时间越早、年代越久远的档案，具有的价值就越大。相对来说，时间越早的档案保存下来的就越少。除此之外，在国家或机关的重要历史时期形成的档案文件也具有较大的价值。

第三，文件的稿本对档案的价值也产生一定的影响作用。文件的稿本主要指的是：文件是草稿还是定稿，文件是正本还是复印本等。一般来说，草稿和修正稿都不属于定稿，从法律层面来讲，其并不具备法律效力，没有必要对其进行保存。但是一些特殊情况下的草稿和修正稿是有保存必要的，比如国家重要领导人修改与批示的草稿和修正稿等。

第四，文件的外观类型在一定程度上对档案的价值造成了影响。文件制成材料、记录方式等都属于文件的外观类型，有些文件的外观类型是非常特殊的，这类具有特殊外观类型的文件具有较高的价值。举例来说，有些文件因载体材料的独特、古老、珍稀而具有文物价值。在开展档案鉴定过程中，判定外观类型独特的档案文件的价值需要充分分析其特殊意义。

（四）档案保管工作

档案管理工作的另一项重要环节是档案保管，档案保管工作主要指的是档案馆（室）系统存放和安全保护档案的工作，具体来讲就是通过建设档案库房等方式安全存放档案，利用相关的防治手段完整与安全地维护档案，使档案的存放与保管遵循良好的秩序。档案保管工作对档案管理工作有着重要意义，有助于延长档案的保存时间。

档案以一定的物质形式存在，对重要的档案需要永久保存，从某种意义上来说档案存在就是一种社会现象。

1. 档案保管工作的含义

（1）日常管理档案，借助柜具或者是库房对档案进行管理，通过使用与安排库房、摆放柜具等，开展与档案检索、提供利用等环节密切相关的档案移出、收进等。

（2）开展预防工作，通过采取相应的手段消除可能损毁档案的不利因素的影响，在一定程度上更加长久地保存档案，避免档案出现损坏，同时保证档案保管场所达到一定的要求。

（3）防护档案流动的各个环节。在损坏档案的因素中存在着自然和人为两种因素，通过采取必要的防护措施降低档案损坏的风险，提高档案各环节的安全性，针对已经损坏的档案及时进行复制、修补。

2. 档案保管工作的意义

（1）档案保管工作是开展档案工作的重要基础

档案可以说是开展档案工作的前提，也是档案工作重要的物质基础，档案工作就是围绕档案来进行的。做好档案保管工作，能够保证档案的安全，维护党和国家的利益，从而推动整个档案事业的可持续发展。

（2）档案保管工作是开展档案工作的必要条件

科学地保管档案是开展档案其他工作的必要条件，档案保管工作的科学有序能够有效地促进档案工作的开展。

（3）档案保管工作是延长档案寿命的必要手段

档案存在的时间受档案保管工作的影响，档案保管工作采取的措施越得当，保管工作就会做得越好，相应的档案的寿命也会延长。所以说，做好档案保管工作可以尽可能地延长档案的存在时间。

3. 档案保管工作的任务

档案保管工作的主要任务就是维护档案的完整与安全。主要包括以下几方面。

（1）防治档案的损坏

弄清楚档案损坏的原因、掌握档案损坏的规律是档案保管工作的重要内容，为了防治档案的损坏，档案管理部门应采取有效的措施和方法，尽可能地降低损坏发生的可能性，降低档案的损坏率。

（2）延长档案的寿命

防治档案的自然损坏是档案保管工作的一方面，但档案保管工作绝不仅限于此。档案工作者还应采取相应的手段，尽最大努力延长档案的保存时间。采取措施延长档案的寿命有助于实现档案长期利用的目的。如此一来，就需要档案保管人员采取相应的措施改善档案的保存环境，同时研究怎样才能更好地修复已损坏的档案。这里需要强调的一点是，要特别关注档案制成材料的现状并研究档案材料的耐久性，这样才能促使档案进行长期保存。

（3）维护档案的安全

维护档案的安全具体包括两方面内容，一方面，档案是一种物质存在的形态，必须采取相应措施保证档案实体的物质安全，使其能够尽可能地安全存在下去；另一方面，采取相应措施维护档案的信息安全，不要让档案的机密泄露出去。

总而言之，做好档案保管工作需要做到不分散档案、不混乱档案、不丢失档案、不泄密档案、不损坏档案。

4. 档案保管工作的原则和要求

（1）以防为主，防治结合

"防"的意思是预防档案文件的损坏，通过采取有效措施消除可能会损坏档案的不利因素，从根本上做好档案的保管工作。

"治"的意思是修裱、复制已经被损坏的档案，尽可能地复原档案，或是控制档案的损坏程度。

防与治相辅相成，共同发挥作用。

（2）加强重点，兼顾一般

通过采用有效手段重点保护永久保管的档案和重要的档案。针对一般性档案，也需要尽可能地改善其保管环境，将重点保管和一般保管兼顾进行。

（3）相互协调，密切配合

档案保管工作与档案工作的其他环节关系密切，整个档案工作的正常开展需要协调好各环节，在档案收集、整理、鉴定、统计等环节中，最大程度地降低不利因素的影响，使各环节有序进行。

（4）立足长远，保证当前

开展档案保管工作需要同时兼顾当前各项工作的现实利用和党和国家的长远利益。做好当前档案工作是立足长远的基础性工作，协调好档案保管工作与开发利用的关系，统筹兼顾，合理规划档案的"藏"与"用"。

（五）档案统计工作

1. 档案统计工作的内容

目前，我国档案统计工作分为4个层次的内容。

（1）全国档案工作基本情况统计。

（2）专业系统档案工作基本情况统计。

（3）地方档案工作基本情况统计。

（4）档案馆（室）档案工作情况统计。

不同层次的档案统计工作，负责的主要内容是不同的，对档案统计工作进行层次划分，能够更全面地了解档案统计工作的主要内容。体现宏观层面统计工作主要是前3个层次，其系统地统计了全国、各地区、各个专业系统档案事业的状况，并且将其档案事业的发展水平真实地体现了出来。

第4个层次主要统计的是微观层面的某一档案机构内部情况，统计了档案管理活动各个方面。通过开展这类统计，能将档案管理活动的基本情况及档案工作的发展规律具体地展现出来。

2. 档案统计工作的意义

（1）表册、数字等是档案统计工作的常用形式，通过这种形式，档案统计工作能将档案和档案工作有关情况及发展规律反映出来。在统计过程中，定量管理与定性管理是档案统计的常用手段，通过这种手段，能推动档案管理向计量化、精确化方向发展，同时在一定程度上也能提升档案管理的水平。

（2）档案统计工作是对各级档案部门的综合统计，所以能在一定程度上将档案部门工作的真实状况准确反映出来，这样一来，能够对档案事业的规模有一定的了解，也为监督和检查档案部门的工作奠定了基础。

（3）档案的数量、增长速度、馆藏档案的状况、档案利用频率等能在一定程度上体现档案工作的状况，档案统计工作对这些方面进行综合统计能将档案工作人力、财力的需求量反映出来，为档案工作方针、政策、档案事业发展规划的制定提供了参考依据，同时也有利于促进档案的科学管理。

3. 档案统计工作的步骤

档案统计工作主要由统计调查、统计整理和统计分析这三步构成。

（1）统计调查

只有通过开展统计调查才能得到大量原始材料，统计报表和专门调查是统计调查的常用形式。

档案统计中最基本的形式就是统计报表，按照统一的规定，下级档案管理机关和档案馆（室）通过表的形式向上级机关报送的文件，统计报表在档案统计工作中是很常用的。

统计报表的补充形式就是专门调查，它是按照一定的目的和要求，临时组织起来的调查。

（2）统计整理

通过开展统计调查，档案部门得到了大量的原始材料，但这些材料是分散的，需要进行整理的。可以将这些资料做成各种各样的统计表，这样就能很好地将档案工作情况系统地反映出来。

（3）统计分析

为了了解各时期档案工作的发展情况，进一步提升档案管理水平，需要分析研究整理出来的资料，这就是统计分析。通过统计分析，能发现和总结经验教训，从而指导档案工作。

4. 档案统计工作的要求

在开展档案统计工作过程中，需要依据一定的统计要求，这样才能更快速地获取反馈信息。

（1）统计对象恰当

像馆藏档案数量和质量、档案建筑与设备、档案工作机构的数量和状态等这类因素能将档案工作情况的基本方面反映出来，在确定档案统计的对象时，就需要选择这类因素。

（2）统计数据准确、全面、系统

在进行档案统计时，最基本的要求是保证统计数据的准确性，统计数据必须符合实际情况。其次必须保证统计资料是全面的、系统的，只有这样，统计的结果才能真实地反映档案工作的规律。

（3）统计方法和统计指标科学、合理

在搜集、整理、分析数据和资料时，必须采用科学的统计方法，统计的格式和标准也必须是统一的、符合规范的，运用科学的统计指标，在合理的范围内进行统计。

（六）档案检索工作

1. 档案检索工作的内容

档案检索的含义有广义和狭义之分。档案信息存贮和档案查检两个具体的过程是档案检索的广义范畴，只查找所需档案的过程是档案检索的狭义范畴。

（1）档案信息存贮阶段的主要内容

档案原件中通常包括文件作者、题名、时间、主题词等这类具有检索意义特征的信息，把这些信息在载体上进行记录，按照不同类别或主题标识编制档案检索工具，进而建立档案检索体系的过程就是档案信息的存贮过程。档案信息存贮包括以下几个环节。

①档案的著录和标引

著录和标引主要指的是分析、选择和记录档案的内容和形式特征，并赋予规范化的检索标识的过程；制作用来检索的条目就是著录和标引的成果，这些条目能够反映档案内容、形式、分类和存址。

②组织档案检索工具

依据相关的规则，系统地排列著录和标引产生的条目，组成能够使用的检索工具，将这些检索工具按照需要进行匹配，使之形成检索系统。

（2）档案查检阶段的主要内容

①确定查找内容

确定查找内容主要是具体地分析档案利用者的检索要求，从而明确档案利用者所需档案的主体，使查询的概念更加清晰，利用检索语言将这些概念转化为规范的检索标识。

②查找

查找主要是为了将符合要求的条目找出来，在查找过程中，会根据利用需求列出检索标识或者是检索表达式，档案人员或利用者通过相应的措施将之与数据库中的标识进行比对，从而实现查找目的。数据库通常包括手工检索工具或计算机数据库，针对手工检索，人工来进行比对，针对机检，计算机负责匹配。

2. 档案检索语言和符号

检索工作中存贮档案形式和内容特征信息时所使用的记录工具就是检索语言和符号。检索语言和符号主要起规范检索语言、简化记录形式的作用。作为利用查询标记的检索语言和符号能够提高档案检索工具的查全率和查准率。

（1）档案检索语言

档案检索语言是根据检索的具体需求，特意编制的适用于检索的语言，有时也将其称为标引语言。作为人工语言的档案检索语言，与自然语言存在很大的差异。检索语言的特点如下。

①单义性

单义性通俗理解就是一词一义，检索语言与自然语言最大的差异就是检索语言具备单义性。我们日常生活与工作交往中所使用的语言指的就是自然语言，在自然语言中，经常会出现一词多义和一义多词的情况，这很大程度上是由时代和地域的不同使得人们表达事物的语言习惯不同导致的。在档案检索过程中，检索语言具备一词一义的特点，使得检索更加规范严格。如果混淆自然语言和检索语言的使用，在检索时，很可能大幅度降低检索的查全率和查准率，从而导致漏检或误检的情况。

②专业性

主要指的是检索语言的词汇特点与档案信息相匹配，档案的编排方法比较专业，便于标引和查找档案信息。

（2）档案检索符号

档案检索符号是一种人工语言符号。档案信息的逻辑关系能通过符号清晰地表达出来，所以，档案检索符号对档案检索工作的著录标引意义重大，而且组织档案检索工具等也离不开档案检索符号的参与。

实体符号、容具符号和标识符号是开展档案检索工作常用到的档案检索符号。实体符号范围比较广泛，开展档案检索工作常见的实体符号主要有档案馆（室）代码、档案分类号、档号、缩微号等；开展档案检索工作常见的容具符号主要有库房号、装具号两种；开展档案检索工作常见的标识符号主要有著录项目标识符与著录内容标识符两种。正常情况下，一个完整的检索符号系统由这些符号共同组成。

3. 档案检索效率

检索效率能将通过检索满足利用者特定要求的程度表现出来，是一项重要指标。检索效率不仅可以查验检索系统性能，还能衡量检索过程质量。衡量和表示检索效率往往用到查全率和查准率这两项指标。

查全率是衡量利用者对检索结果满足程度的重要指标，对于查全率的计算，公式为检索出来的相关档案与全部的相关档案之比。漏检率是一个与之相对应的概念，对于漏检率的计算，公式为没有检索出来的档案与全部的档案之比。

查准率是衡量对利用者要求的准确程度满足的重要指标，对于查准率的计算，公式为检索出来的相关档案与全部相关档案之比。误检率是一个与之相对应的概念，对于误检率的计算，公式为检索出来的不相关档案与检索出来的全部档案之比。

这里需要特别强调的是，查全率与查准率之间的关系是互逆的，也就是说，如果追求更好的查全率，就需要扩大检索范围，这就会降低查准率；与之相对，如果追求更高的查准率，就需要限制检索范围，这就会降低查全率。所以，我们应该根据利用者的不同需要设计合适的检索系统并进行检索，合理确定查全率和查准率指标。

4. 档案检索工作的意义

档案收集、整理、保管等工作主要发挥着变分散为集中、化凌乱为系统的重要作用，前三个环节是为了妥善管理档案，为后续的查考利用做准备。档案在档案馆（室）排放和保管遵循档案形成的规律，以整理系统为基本依据，但是档案的利用者以及查用的角度是固定的。档案检索工作能够协调和解决档案保管的一般体系和特定的查找利用之间的不匹配问题。档案信息资源的开发需要档案检索，档案检索对档案利用意义重大，其意义具体表现为以下两点。

（1）检索是提供利用的先期工作

档案馆（室）通过检索能够查找每个卷宗或每一份文件，检索是档案馆（室）为推动档案利用做的最直接的准备工作。利用者是否能够及时准确地利用档案在一定程度上取决于档案检索工作。所以，经验丰富的档案检索者，在开展具体工作之前，会通过各种方式准备好会用到的检索手段。

（2）检索形成了档案业务工作中一个独立的重要环节

档案利用工作包括档案检索工作，但是档案检索工作又具备档案工作中其他业务环节所不具备的工作内容和作用，具体来讲包括以下内容：对档案线索的大量贮存、有计划地建设检索体系，研究档案内容辅助档案材料的查找，编写检索工具书等。随着档案开发、利用工作的发展，越来越多先进的科学技术被应用到档案检索工作中，进一步扩充了档案检索的内容和领域，改进了检索的技术和方法。档案检索将会朝着检索形式多样化、检索系统标准化的趋势发展。

（七）档案编研工作

1. 档案编研工作内容

档案编研工作主要指档案室（馆）根据利用需求，研究和加工馆藏档案信息，编辑各种类型的档案出版物的活动。"编"的意思就是整理加工和汇集档案文献，"研"的意思是研究和考证档案内容，将"编"与"研"相结合，融为一体，促进二者同步发展，提升档案编研的质量。

档案编研工作的具体内容包括以下四个方面。

（1）编辑档案史料和现行文件汇编（即档案文献汇编）。

（2）编辑档案文摘汇编。

（3）编写档案参考资料。

（4）编史修志。

上面的编研内容从加工程序上讲可以分为三种情况。

（1）汇编材料

在原始文件或原始文件复制件的基础上汇编形成的编研材料就是汇编材料，这类材料只需要经过一次加工，不改变档案的基本面貌，编辑方法比较简单。作为依据是汇编材料的主要作用。

（2）概要性、介绍性材料

概要性、介绍性材料需要进行二次加工，依据一定的要求，再一次整理摘录、缩编、剪辑的档案内容。这类编研资料有各种各样的类型，包括但不限于档案文摘、专题简介等。概要性、介绍性材料具有自身特点，比如种类多、针对性强、信息集中系统、提供利用便捷等。

（3）参考材料

这类编研材料需要三次加工，以档案为基础、以相关材料为参照，进行深入地分析和研究，系统编写而成。三次加工的编研材料在档案编研范畴里属于比较深层次的，其中手册、年鉴、志这类工具书是比较典型的参考材料。

三次加工的编研材料的编写是对知识的创新，具有一定的难度。参考材料通常以相关的参考资料为依据，对其进行深入研究和创造性加工。

2. 档案编研工作的意义

（1）有利于更好地为社会提供档案利用

档案编研工作的大部分内容都属于档案利用，只有小部分内容不在档案利用的范畴内，如专门的历史研究和编史修志。档案编研工作在为利用者提供档案利用方面更加主动，是一种主动服务，便于利用者查找档案。

（2）有利于提高档案馆（室）的工作水平

档案编研工作是在档案收集、整理等基础工作的前提下进行的，在档案编研工作中会涉及调阅档案，这就相当于又全面检查了一次档案的其他基础工作。除此之外，档案编研对工作人员的知识水平要有较高的要求，这样才能够促进档案人员提升自身素质。

（3）有利于保护档案原件和流传档案史料

档案编研工作对档案利用者来说也具有非常重要的意义，经过加工的档案产品可以突破时间和空间的限制，为利用者提供远程服务，这种服务方式可以减少对档案实体的伤害，对档案原件形成有效保护，从一定程度上延长档案的使用寿命，这样非常有利于档案原件长存世间和永久流传，便于子孙后代见证更多的档案史料。

3. 档案编研工作的要求

（1）政治上的正确性

档案编研工作不可避免地会具有一定的政治倾向。因此，坚持辩证唯物主义和历史唯物主义是对编研人员的基本要求。

（2）观点正确，用材真实

编研工作选取真实、客观的材料，符合历史事实，观点是正向的、具有积极意义的，避免出现"主观臆断""简单拼凑""断章取义"等情况，否则就会影响档案信息的全面性、系统性、准确性、真实性。

（3）内容充实，系统条理

档案编研内容充实与否直接决定着编研成果能否得到社会大众的认可。全面收集与题目相关的档案材料是使编研内容更加充实的关键环节。档案编研工作不仅要注重内容的充实还要关注系统的条理。系统条理包括两部分，分别是体例上的系统性和内容上的条理性。具体来讲就是，按照内部存在的联系，将档案材料组成一个有机的整体，内容方面符合逻辑，编排方面做到结构严谨、章节划分科学。

（4）体例规范，格式完整

档案编研工作必须具备科学化与规范化特质，这样才能更有效地开发档案资源。体例是指将档案材料按其内在联系组成一个有机整体。保证体例的规范性是档案编研工作中需要重点注意的问题。在整个档案工作中，档案编研工作可以说是出成果的最后阶段，既有一定的独立性又与前面各环节关系密切，保证编研工作的规范性更加有利于协调编研和其他环节，避免出现因相互牵制而给整个档案工作造成不利影响。

4. 档案编研流程

（1）确定编研课题

档案编研工作的基础性步骤就是确定编研课题。定好题才能开好档案编研工作的头，所以说，档案编研工作的关键步骤也是确定编研课题。实事求是是确定编研课题的主要依据，在参考馆藏档案的基础上，采取相应措施进行调查和分析。

①围绕党和政府的中心工作定题

一般情况下，在一段时间内，某项工作会成为地方党委、政府的中心工作。以党和政府开展的中心工作为依据，档案部门可以提供相关的编研资料信息。

②根据档案利用查阅人多量大的需求情况定题

档案编研定题主要以利用率高的档案为参考。为了更好地满足档案利用的需要，可以将馆藏利用率高的、分散的资料编研起来，形成系统的专题史料，以供参考利用。

③根据最具有地方特色的馆藏档案定题

开发具有地方特色的档案信息对档案馆来说意义重大，一方面可以将馆藏档案的优势充分发挥出来；另一方面，特色档案的开发具有长远的价值，能为地方文化建设服务，为当地创造收益。

④根据需求预测定题

以现实情况为参考依据，预测事物的发展趋势，对社会需求作出相对科学的判断，使编研材料满足社会的发展。

（2）收集相关资料筛选组织

确定好编研课题后，接下来需要筛选、加工、编排档案材料，编写查考性材料与评定性材料。一是全面收集与题目相关的材料，材料内容越丰富越好，材料范围越广泛也好；二是通过梳理、筛检材料，将材料进行组织，使其成为系统材料。

（3）整理成果形成产品

将档案资料编研成图书等文献形式，并在一定范围内发行或向社会公开发行，这就是档案编研工作的最终目标。

5. 装帧设计

装帧设计是指对书籍的结构与形态的设计。通过装帧设计可以塑造书本样式，书籍从里到外、从内容到形态都需要装帧设计。装帧设计具有非常重要的意义：装帧是一种艺术表现形式，其中蕴含了美学、情感、趣味等多种内涵。

书籍形式是编研产品的常见形式，在装帧艺术方面也有一定的讲究，能将意境、气氛在图书设计中有所体现，并且能够彰显编研产品的风格。

6. 校样校对

提升和保证编研产品的质量需要校对，校对是对编辑工作的继续和补充。细致、严谨、周密是校对工作必须坚持的态度。

（1）校对程序

校对是依照原稿及设计要求在校样上检查、标注排版差错。通常情况下，需要校对多次才能保证校对的质量。校次指的就是校对的次序和遍数，一般有三个校次：一级、二级和三级。如果有特殊情况的需要，可以适当增加校次。

原稿是校对的重要依据，以原稿为依据进行校对就是核对校样上的差错，并对这些差错进行处理。这里的差错主要包括两方面内容，一方面是语法修辞上遗留的差错，另一方面是疑点问题。这里需要注意的一点是，因为原稿是校对的依据和标准，所以不能随意增补、删减校样，必须保证校样的完整。针对原稿的错误和编辑处理的疏漏、失误，编辑负责处理原稿和校样。

（2）校对方法

总的来说校对方法主要有对校、折校和读校三种。使用频率较高的校对方法是对校和折校，具体选取哪种方法需要根据实际情况而定。

对校法：左边是原稿，右边是校样。先看原稿，后对校样。针对校样上错误的地方，需要做出合理批示。批示时通常采用校对符号或文字的方式。

折校法：将原稿放在校对者的正前面，两手拿着校样，同时右手再拿一支笔。校对程序是从第一行开始校对，校对完一行就折一行。尽可能地将原稿和校样的字句同时看清。

读校法：需要两人合作进行，一人负责读原稿，另一人负责核对校样，并且对于校样上的错误及时改正。对朗读者的要求是语速要慢，逐字逐句朗读，把握好音调和节奏。

（八）档案利用工作

1. 档案利用工作的概念

档案馆（室）采取相应的手段促进档案资料服务社会组织用户的工作就是档案利用工作，"档案利用服务"是档案利用工作的另一个名称。档案利用工作具有非常重要的意义，有助于实现档案价值、发挥档案作用。档案利用工作的主要依据是档案馆（室）收藏的档案信息资源，通过一定的方式、方法，使得档案资料能够服务于社会各项事业。

2. 档案利用工作的内容

通常来讲，档案利用工作是涵盖多方面内容的，例如，清楚掌握馆（室）藏档案信息，能熟练运用档案检索工具，能对档案信息的社会需求进行预测，为档案用户提供信息咨询等。

3. 档案利用工作的基本要求

（1）熟悉档案，了解和研究利用者的需要

熟悉档案是最基础的环节。只有对馆藏档案的情况了如指掌，才能指导档案工作的进行。熟悉档案是一项复杂的工作，涉及多方面内容。例如，熟悉各类档案材料的作用，重点关注馆（室）藏的珍贵档案等。

了解和研究利用者的需要，就是做好档案提供利用的预测工作，具体来讲就是预测和估计一定时期内，哪些单位可能会大量利用档案，哪些内容可能会被大量使用。

（2）有计划、有重点地编制必要的检索工具和参考资料

对利用者的需要进行了解和研究之后，档案部门需要采取措施加快档案利用的进程，这时候就需要有计划、有重点地编制必要的检索工具和参考资料。按照一定的计划和顺序编制检索工具，把握档案利用的时机，杜绝盲目、随意地编制检索工具。

（3）建立查阅制度

查阅制度主要有查阅手续、摘抄、复印范围及清点、核对手续、查阅注意事项等。例如，严格审批借阅和查阅程序，办理借阅和查阅登记手续；在查阅过程中，不能吸烟、喝水，避免出现烧毁受潮的情况发生。

（4）正确处理档案提供利用和保密的关系

使用档案是国家保存档案的最终目的，如果不能有效地使用档案，那么就没有必要保存档案。但是，一部分档案涉及党和国家的机密，需要严格控制这部分

档案的利用范围，这体现了档案工作的政治性特点。由此看来，正确地处理档案提供利用和保密的关系，统筹兼顾保密和提供服务，对于开展档案利用工作有着重要意义。以档案的具体内容为基础，满足国家利益的需要，合理规划档案的开放时间和开放范围。

第一，保密与利用并不是完全冲突的，从根本上说，保密与利用存在一致性，目标都是为了合理地发挥档案在社会主义事业中的作用。在档案利用工作开展过程中，需要合理限制档案利用的范围。

第二，保密不是固定不变的，而是动态发展的。具体来讲就是，随着时间的推移和主客观条件的变化，现在保密的档案未来可能会降密或解密。

综上所述，档案提供利用需要具体问题具体分析，有利于促进安定团结的档案，可以积极提供利用；在一定范围内需要限定使用的档案，就需要坚持保密原则，谨慎处理。

第二节　档案管理模式

一、档案管理模式主要类型

（一）集中管理模式

在档案管理工作中，采用集中管理模式，即通过档案馆（或综合档案室）对各类档案资源进行统一管理。

就机构设置而言，集中管理模式的运用一般会选择独立型档案管理机构，其与任何部门均无依附关系，且直接由某一个组织来进行管理。这类管理模式主要适用于规模大且管理参与度较高的组织需要。

就人员配备而言，集中管理模式的运用需要配备专门的档案管理专业团队，负责对所有档案资源的收集、管理与利用工作。通常情况下，档案工作人员是专职管理者，所以这就对管理者的专业素质提出了较高要求，在人员选择上，主要选择业务技能好、职业素养高的专业人才。

就规章制度而言，应该以《中华人民共和国档案法》（以下简称《档案法》）为主要参考依据，通过对档案管理工作情况的全面研究与分析，建立规范健全的档案管理制度，突出管理制度的针对性，保证其与档案管理情况相适应，有利于档案管理工作的顺利进行。

在档案管理工作中实施集中管理模式的优势在于以下四点。

（1）降低管理成本，提升管理效率。在集中管理模式下，档案日常管理工作由专职人员来负责，且有专门的库房管理人员负责对档案资料的接收，以使管理效率得以提升，管理成本有效降低，且能进一步提升资源的利用率。

（2）为档案专职人员的培训工作提供较大便利。在集中管理模式下，档案管理人员除了完成职责以内的工作外，还需参与到业务培训中，提升其专业管理水平，进而保证管理质量。

（3）有利于对档案资源的充分开发与利用。在集中管理模式下，专职人员负责对档案资源的管理，档案机构得以对档案价值进行充分挖掘，尤其是对多领域共同研究的档案资源、热门话题档案资源的价值进行集中开发，还可将其视作自身的特色优势，提升自身的整体发展优势。

（4）有利于对档案资源实施安全保护。在档案集中管理模式下，专职人员对档案安全性的保护更加便利，同时还能保障档案的真实性与完整性。

在对档案资料实施集中管理的过程中，可能会受到多种因素的影响，例如建设规模等，这些都对档案管理质量与水平有着非常高的要求，具体分析如下。

（1）对软硬件设施建设方面的要求。在档案管理工作中，各部门所有的档案资源均需在集中管理模式下进行收集、整理与利用，随着档案资源的不断增加，档案管理机构为满足工作需求，必须增加人员、设备的数量，进而解决工作压力剧增、档案存储空间紧张的问题。

（2）对档案安全防护方面的要求。在档案的集中管理模式下，所有档案资料全部集聚，这就对档案信息的安全防护提出了更高的要求。为了避免档案信息泄露，必须加强应急预案管理，将因紧急情况导致的档案资源损失降到最低。

（3）对档案利用程序方面的要求。通过实施档案集中管理，各个部门的档案资料均由档案管理机构负责管理，各部门要想查阅、利用档案，必须首先获得档案管理机构的许可，这样一来档案利用程序变得更加繁琐。作为档案管理机构，必须采取有效措施，解决这一问题。

（二）分散管理模式

在档案管理工作中，采用分散管理模式，即按照部门或其他类别对档案资料采取分别留存与管理的模式。也就是说，不同类别的档案由相关业务管理部门负责管理。例如，科研档案由科研管理处负责管理，人事档案由人事管理处负责管理。档案分散管理模式的突出特点是：档案管理机构隶属于多个下属部门，与档案集中管理模式中的独立型管理机构相比，分散管理模式在档案管理工作上的参与度相对较低，且许多领导并非是档案专业人才，对档案管理知识的了解不全面，这就容易导致档案管理工作中出现欠规范、管理水平不高等现象，对档案管理工作的健康运行产生不利影响。

就人员配备而言，档案分散管理模式所配备的档案人员多为兼职人员，他们同时负责多项工作，且多数未经过专业的档案管理业务培训，在业务水平与专业技能等方面均处于较低水平。

就规章制度而言，在档案分散管理模式下，档案资料的主要管理权属于档案形成部门所有，且在规章制度的制定上，一般与本部门业务特点相适应，为本部门的档案管理与利用提供了较大便利，但各部门之间在档案管理制度建设上难以形成统一制度，为后期档案信息的统计与利用工作造成诸多不便。

在档案管理工作中实施分散管理模式的优势主要体现在以下三点。

（1）档案分散管理模式的应用，能够根据各部门的类别做好档案分类与统计工作，每一类档案均由相关部门负责管理，为部门内部档案资源的整理与统计带来便利。

（2）档案分散管理模式的应用，为各部门对档案的借阅与利用提供了较大便利。

（3）在档案分散管理模式下，档案形成部门不必将档案资料移交给档案管理机构，这就在很大程度上减少了档案在移交过程中的出错概率，同时还能有效缓解档案管理空间紧张的问题。

在档案分散管理模式的应用中，也存在着诸多弊端，具体如下。

（1）在档案管理工作中实施分散管理模式，对管理部门提出较高要求，不同的部门需要根据自身部门业务的特点配备相应的档案库房，并对库房要求严格遵守，对档案资料妥善保管，这就导致管理成本明显增加，同时对档案资源的安全性带来一定的威胁。通常来讲，一般组织要想达到档案管理的专业标准并非易事。

（2）在分散管理模式下，档案资源分散于各个部门，使档案的完整性被破坏，导致档案资源的系统性难以保障。

（3）对于不同类型的档案来讲，其保管期限是各不相同的。档案管理机构在日常管理中需要定期对档案资料进行检查，在分散管理模式下，档案管理机构要想对档案资料进行统一鉴定是非常困难的。

（三）集中分散结合式

通过对上面两种管理模式的探究可知，档案集中管理模式与分散管理模式均有其利弊，所以，相关主体在档案管理工作中，可将两种模式进行结合，突出两者的优势，规避两者的弊端，也就是采取一种集中分散结合式的档案管理模式。在此模式下，档案管理工作主要由档案管理机构负责把控，而在具体的管理实践中则由档案形成部门对档案日常管理负责。具体操作如下：对于各部门在运行中产生的档案资料，由档案形成部门负责归类、统计工作，统计好的档案按照目录形式与档案管理机构进行交接。对于超过一定年限的档案资料，档案形成部门必须将其移交给档案管理机构。通过对档案集中分散结合式管理模式的运用，在满足各部门档案利用需求、提升档案利用率的同时，保障了档案管理机构对所有档案资料的整体把控。

在档案管理工作中，采取集中分散结合式管理模式目的在于为各部门在档案利用方面提供便利，充分发挥档案资源的利用价值。作为档案管理机构，必须从整体方面对档案资源进行把控，保障其完整性与系统性。而档案形成部门，则应以档案管理机构的相关规定为主要参考，在档案资料留存一定时间后，主动将其移交至档案管理机构，为档案管理机构的档案资源开发与利用提供帮助。

集中分散结合式档案管理模式的优点在于利用方便、管理方式灵活、综合管理与控制效果好。一方面，其为档案管理机构的集中管理与把控提供了较大便利，便于对档案工作的监督与管理；另一方面，其为各部门在档案利用方面提供了便利，充分发挥了档案资源的利用价值。但这一模式对相关组织的综合管理水平也提出了较高的要求，尤其是档案管理机构必须具备良好的宏观管理与统筹能力，在管理实践中，档案管理机构需要对各部门的档案资料进行统一保管，必须避免过度分散，影响档案完整性。同时，需要重视档案信息的安全防护。

二、档案管理模式存在的问题

目前档案管理模式存在以下几个方面的问题。

第一，档案管理工作的设计阶段较为落后，现阶段在档案管理的实际情况中，主要存在建设以及设计较为落后的问题。首先，档案数据资源的产生以及监管一般都是分不同区域的，由于受到权力、投入资金数额以及规范程度等多方面的影响，目前制定出一套完善的设计模式较为困难。其次，档案管理工作正在发生着翻天覆地的变化，从而导致档案数据信息资源管理模式的设计以及建设过程存在诸多不确定的因素。举例来说，参与设计电子文档以及档案管理的相关部门正在加大信息化建设的步伐，由于其自身始终处于变化当中，所以档案管理模式的设计工作就很难有效开展，档案数据信息资源的可靠性以及完整性也很难得到保证。

第二，尽管现阶段档案管理工作主要针对的对象已经从管理层逐渐向基层转变，从单位内部逐渐向外部转变，服务对象的种类和数量也在不断增多，然而在与档案管理工作的安全性能有关的问题上以及在涉及社会效益、经济利益等内容上还是存在着诸多阻碍和困难。

第三，基本功不牢靠导致档案管理实施阶段出现多种问题，这也是档案管理工作的规范化、程序化实施所面临的重要问题之一，在许多档案管理部门中，由于人员基本功问题导致的工作质量问题、管理水平不足，特别是一些小型单位，不具有健全的搜索设备，大多数档案管理单位的收档、编写以及审查都没能达到国家提出的标准。

第四，效率低下以及相关领导层重视度不足问题。领导并没有重视起档案管理工作，对其认识程度往往较低，更有甚者以为只要做好档案的收档等基本事项即可，不清楚如何有效提升档案管理的效率，从而导致档案管理模式没有与时俱进，相关的配套设备较为落后，所应用的检索技术也不够先进。

三、档案管理模式变化的必要性

（一）公民主人翁意识增强

随着我国全面推进政务公开、打造阳光政府的工作不断深入，人民主人翁意识不断增强，其参政议政的意识也在不断提升。因此，传统档案管理模式已经不能够满足公民的需求，公民有权利了解各单位以及各部门的职能运转情况。这样不但能够对人民的权利予以保障，同时也在一定程度上宣传了国家的各项方针政策。

（二）档案客户群体的变化

当前档案客户群体变得更加广泛化、社会化以及多元化、开放化，用户对档案部门的专业性要求有所提升。在当前信息化时代背景下，档案用户虽能够从网络上直接获得数量庞大的信息，但是其中掺杂着非常多的无用的信息，影响用户对档案的特殊需求。所以，档案用户不能快速、便捷、准确无误地搜集自己想要获取的信息。

（三）网络环境影响档案管理模式的变化

在信息化时代环境影响下，互联网逐渐成为人们在生活和工作中不可缺少的部分。作为一种新型的传播媒介，网络对信息的传播速度更快、沟通更便捷。现在网络环境的大发展为信息化时代档案管理模式的变化提供了良好机会。

（四）档案管理工作的复杂性

随着信息的普及和发展，档案管理工作涉及的领域逐渐扩大，工作内容也变得更加丰富，档案的保管方式更为科学，这些工作的实质性变化影响着档案管理人员。档案管理部门需要摒弃之前传统的档案管理模式，保留优点改掉缺点，提升自身档案管理专业水平，并且还需要创新档案管理模式。

四、档案管理模式的改革策略

档案管理工作的真正意义就是确保档案信息的可靠性并提高使用档案的效率，随着社会信息化的不断深入，人们对档案管理工作的要求愈来愈严格，档案数据是现代化社会的核心内容，档案资源的开发再利用对时代的快速发展起着不可或缺的作用，而且档案数据还能够改变产业框架以及发展体系。所以对档案管理模式进行改革是志在必行的。对档案管理模式进行改革可以通过以下几个方面来加以实施。

（一）转变档案管理思维

现阶段，伴随着技术的革新，人们在档案管理方面也发生了极大的变化，最显著的是档案管理者的思维方式产生了较大的改变，而这一改变对于档案管理工作将产生深远的影响。在过去，档案管理者主要采用传统的管理思维，把档案数据信息的范围限定在文字珍藏方面，导致档案资源被极大地浪费，严重阻碍了档案价值的展现。当下，随着各种档案资源的增加，档案的范围越来越广泛，并逐步朝着信息化趋势发展。此外，随着智能手机、个人电脑的普及，人们应用的软件越来越多，从而诞生了大量的电子数据档案。如果依旧沿用传统的管理思维对档案进行管理，就无法充分挖掘出档案所蕴含的重大价值，致使一些价值较高的档案信息被埋没。所以现阶段，档案管理者一定要与时俱进，改变思维模式，关注和了解档案管理的发展态势，不断学习先进的档案管理知识及理念，从根本上转变观念，更好地从事档案管理工作。

具体而言，档案管理者要拥有大档案观和大服务观。所谓大档案观，指的是扩大档案数据信息的种类，并拓展档案数据信息的范畴，即把各种形式的信息、数据、文件等都视作档案的一部分，再借助网络技术和信息技术，建立档案数据库。要做到这一点，档案管理者就要转变管理思维，充分借助各种全新的信息技术，使档案系统日趋完整，从中挑选出有一定价值的信息，并对档案数据更好地进行处理，从而使档案管理日渐系统化。与此同时，利用互联网技术，全面而系统地收集原始数据，进一步计算和分析原始数据，挖掘原始数据的内在价值，为之后的决策做好铺垫。大服务观主要指的是将原来传统的服务观念转变为以人为本的服务理念，在档案管理的过程中，为人民群众提供多元化服务和开放化服务，对于不同人群的不同需求，要予以满足。同时，要对不同种类的档案进行深入分析，从中获取有价值的资源，从而使档案信息的服务水平得以提升，能够为人民提供更好的服务。总之，作为档案管理者，要革新服务理念，真正从人民的需求出发，并充分借助大数据技术把潜在的档案信息挖掘出来，使档案资源的价值最大化。

（二）革新档案管理方式

档案管理工作涉及诸多方面，主要包括采集档案信息、对信息进行整理、对信息的真伪进行鉴定、对档案信息进行存储以及检索档案信息等。传统的档案管理中，人们利用简单的方式处理档案数据，所以经常出现档案价值不高的情况，而且时常有"死档案"的情况出现。技术的发展使得传统的档案管理方式发生了改变，可以将原本的"死档案""复活"，积极主动地对档案加以利用，并结合档案的不同特点与具体属性，运用不同的软件管理档案，充分挖掘档案数据中的价值。

（三）注重档案资源管理

1. 强化档案资源集聚性管理

档案事业若想长期、可持续地发展是需要档案资源作为支撑的。没有档案资源也就没有档案事业和档案管理部门。注重档案管理、加强档案资源建设符合我国的具体国情，能够更好地为社会经济建设服务，同时也是服务群众、支持党和政府工作的有效途径。当前，伴随着科技的进步，社会发展日新月异，人们越来越关注数据的价值，人类早已步入大数据时代。大数据时代，数据种类繁杂而且无时无刻不在产生，这为档案资源的搜集提供了更多的选择性。信息时代，无论是档案部门还是个人，都可以成为档案资源的搜集者。这些资源也可以直接通过网络存储到云端。

2. 完善档案资源建设

第三次工业革命使人们进入信息化时代，各种科学技术层出不穷，这是一个知识大爆发的时代。当前，人们处在第四次工业革命的进程中，这是一个智能化时代。智能化时代离不开数据，在这样的时代，任何组织、个人都无法脱离对数据的依赖。虽然不同的组织、机构使用的数据各不相同，但是档案部门可以将不同的数据整合到一起。档案资源的搜集和整理是一个复杂的工程，需要不同部门、个人的配合，需要足够的人力和物力。因此，档案管理部门应当积极与社会组织、个人进行协商、沟通、合作，鼓励社会组织、个人参与档案资源的搜集和建设工作，扩大档案资源建设的主体，调动社会参与的积极性。

第一，档案管理部门要加强与档案资源形成者的合作。首先，在我国现有体制下，我国各级党政机关、企事业单位是主要的国有档案资源形成者。对于党和政府部门、企事业单位来说，每天要处理不同的事务，产生不同的文件资料，这些资料最后都要进行整理和归档。档案管理部门的主要工作就是管理党政机关、企事业单位的档案资料。党政部门、企事业单位都会按照规定将档案移交档案馆，因此，此类档案的搜集是相对比较容易的。其次，随着人们数据意识的增强，很多家庭和个人也非常重视档案，将档案看成家庭、个人的重要数据资源。当前，有很多的家庭、个人开始建立家庭、个人档案，这样的档案也可以称作私人档案。私人档案主要记载家庭、个人的发展史，同时也能从侧面反映社会的发展。私人档案的数据并不多，但是如果私人档案的数量多了，档案资源也就多了，而且也是一个非常庞大的数据资源。档案管理部门应当注重这部分"社会记忆"资源，鼓励家庭、个人建立私人档案，重视与社会家庭、个人的沟通、合作。另外，还有一些特殊档案资源，比如领导干部的个人档案、廉政档案，社会上比较有影响力的名人档案等等。

第二，档案管理部门要加强与档案资源整理者的合作。大数据时代，档案资源数量大、种类多，需要档案资源整理人员具有足够的耐心和方法。档案管理部门也可以多方面利用社会资源和力量进行档案资源整理，提高档案整理的效率。对于档案整理工作，国家支持社会力量参与并对档案整理工作进行规范化管理，允许政府购买社会上的档案整理服务，也可以将档案工作外包给专业的档案服务机构。档案服务机构的参与一方面减轻了档案管理部门的压力，另一方面可以充分利用网络资源，利用众包模式扩大档案资源。众包模式比外包模式更加快捷、高效，因为它并不是外包那种一对一模式，而是一对多模式。通过网络众包，档案管理部门可以充分利用网络闲置资源收集档案资源，扩大档案资源收集的范围，集合多人的想法和智慧，调动社会各方参与的积极性。

第三，档案管理部门要加强与档案利用者的合作。在大数据时代，任何数据和记录都是有价值的。档案利用者可能不是档案资源的形成者，但是他们使用档案的行为所留下的痕迹能够为档案资源体系建设提供帮助。档案利用过程中需要对档案进行检索、咨询，会形成信息记录，这一过程中的信息对档案管理者来说也是重要的数据。通过对档案利用者信息的分析，档案管理者可以发现利用者与信息之间的关系，发现利用者的信息点。这些信息点可能是利用者感兴趣或者需要的，可以为档案管理者搜集档案资源提供一定的参考。档案管理部门要充分利用大数据时代的优势，更加关注信息的结果，而不是关注信息产生的原因或过程。比如，电商平台就是通过大数据找到客户与商品之间的关系，并通过这种关系和信息为客户推送相关的商品和服务，促进客户消费。

第四，档案管理部门要加强与数据保存者的合作。档案资源也可以被看作是不同的数据，而数据保存者拥有比较集中的数据资源。互联网时代，网络已经融入了人们的生活，存在于生活的方方面面，保存着海量的数据资源。智能时代，数据的重要性不言而喻，与互联网相比，档案馆和档案室里面的数据明显不值一提。因此，互联网无穷无尽的数据资源也应当是档案管理部门需要重点关注的，而这些数据资源大部分掌握在互联网公司。互联网公司可以说是最大的数据保存者。当前，各大互联网公司都推出自己的云计算服务，这充分体现了大数据时代人们对数据的重视，展现了数据的时代价值，充分说明了数据也是重要的资源。

3. 改变档案资源采集方式

档案馆传统的档案资源采集方式主要是开展档案接收和档案征集工作，目的是为了丰富档案馆的档案资源，依据法律规定接收档案。进入大数据时代，档案馆应当转变档案采集思想，主动搜集有价值的档案资源，改变对档案形成者原有的印象，扩大档案形成者的范围，用更多的数据提升档案馆的价值。

第一，要积极主动地抓取网络资源。互联网时代，数据瞬息万变。档案管理部门要有敏锐的目光，及时、准确、主动地对网络资源进行抓取，并做好资源的分类整理工作。互联网信息冗杂，大多都具有时效性，人们很容易被海量的信息淹没。对于一些重要的信息，档案管理部门要有收集和归档的意识，肩负起保存信息的职责。从被动接收到主动抓取是一种工作意识和策略的转变，需要档案管理部门对网络信息进行实时监控。同时，档案管理部门应当积极主动地对网民宣传重要信息捕捉意识，引导网民及时对重要信息进行归档收藏。这样，也可以从网民手中采集有价值的档案资源。

第二，档案资源实时归档。以前，大多数党政机关的档案都是依法定期进行归档，一般都是在当年6月份之前对前一年的档案归档完毕。如今，通过互联网技术，归档工作变得实时、高效。比如，党政机关通过档案管理平台可以将当前处理完毕的资料实时推送到档案室，不再需要等到年末统一处理，减少了档案整理的时间，同时，档案管理工作人员在接到推送的档案信息时可以对档案信息进行预处理，等确认没有更多的文件信息加入时就可以对档案进行最终归档。这样，不但省去了档案整理中的重复性工作，而且使工作流程更加简化，人员分配更加合理。对于私人档案来说，档案管理部门可以开通互联网渠道，使个人可以通过互联渠道将想要归档的信息推送到档案管理部门。通过实时推送的方式，档案管理部门的工作由集中变为分散，使原本集中处理的工作分散到日常工作中，减少了工作压力，同时也有利于提高归档质量。

4.科学整合档案资源

随着互联网的不断发展，人们的生活更加便捷，工作更加高效，同时社会生活节奏也在不断加快。对于档案管理工作来说，信息化、数字化的管理方式使档案管理变得更加系统化。档案管理部门应当适应时代的发展，积极开展信息化建设，提高部门人员信息化工作能力，稳定、有序地进行档案数字化改革，优化档案资源的整合方案。

第一，坚定不移地进行数字化、电子化建设。"存量数字化、增量电子化"是我国档案工作的重要内容。"存量数字化"要求档案管理部门要逐步对存量的传统载体档案进行数字化处理，尤其是纸质载体。档案的数字化处理可以减少纸质档案的使用频率，延长纸质档案的保存时间，同时，工作人员查阅档案也变得更加便捷。"增量电子化"就是要求新进档案要以原生电子文件代替传统载体，同时做好电子文件的整理、保护。"存量数字化、增量电子化"是一项非常艰巨的任务，不仅要求归档文件的电子化，而且要求从源头上保证电子档案的真实、完整、实用，这需要档案管理者建设安全、稳定、可靠的电子化管理平台，实现不同部门的数据互通。

第二，不断优化档案资源的结构。大数据时代，很多数据往往是零散的，需要进行整合才能发现其中的规律。档案资源同样也分散于这些零散的数据之中，成为碎片化的信息。只有将分散的信息整合起来才能发挥数据的价值。如何将这些零散的信息集中进行整合，打通不同数据库之间的屏障是档案管理在大数据时代面临的重要问题。面对这样的复杂性问题，单靠档案部门之力无法解决，需要各个部门相互协作，共同努力。首先，档案管理部门内部必须互联互通，形成统一的档案管理体系。其次，档案管理部门要加强与图书馆、科技馆、文化馆等单位的互联互通，形成不同单位之间的工作互助。再次，档案管理部门要加强与数据处理公司的互联互通，不断与社会力量进行资源、技术、人才等方面的合作交流，提高单位内部人员的综合能力，优化档案管理人才配置。另外，全国的档案管理部门应当增强合作意识，加强交流互鉴，通过大数据、互联网技术整合全国的优秀档案资源，形成档案资源合力。比如，可以使用云计算技术打造全国档案管理的"档案云"，实现档案资源的整合，发挥档案资源共享的优势。

（四）创新档案服务内容

数据的价值在于它能够为人们的生产生活提供服务，这是它的真正的价值所在。对于档案管理的资料来说，如果仅仅是存放起来不加以利用，那么它们的存在就毫无意义。没有任何利用价值的数据是没有档案价值的，因此，档案管理部门应当深入挖掘数据中的价值，使之成为历史的档案并发挥应有的作用。这就需要档案管理部门转变思维方式，创新管理理念和服务内容，优化档案使用路径，构建新型知识服务体系，将"死"的档案变成"活"的资源。

1. 加快档案资源开放

互联网时代，信息无处不在。虽然互联网的信息大多是碎片化的，但是依然给档案部门的数据优势带来了巨大的冲击，人们更愿意通过互联网获取自己所需要的信息。党和政府也非常重视政府信息公开工作并且颁布了《中华人民共和国政府信息公开条例》，从法律层面保障了公民、法人和其他组织了解、获取政府信息的权利，同时，也提高了公民对知情权的要求，增强了人们了解政府信息的意识。大数据时代，人们更希望获得对自己有用的信息，这也加速了档案资源的流动和开放。对于档案管理部门来说，应当及时对超过保密期限并且不涉及国家秘密的档案进行公开，做到"应开尽开"。档案的公开不但可以满足人们获取信息的欲望，同时还可以逐步提高公众参与档案资源收集的意识和国家安全意识。

从另一方面来讲，加快档案资源开放也是对政府公开制度的支持。档案管理部门应当优化办理流程，以最高的工作效率保障公民的知情权。另外，档案资源的自由流通能够为社会增加更加全面、真实的信息，丰富人们的知识生活，促进社会信息的开放，同时还能够增强人们与政府之间的信任关系，推动城市历史文化建设。

2. 创新服务理念

档案资源是宝贵的，承载着历史的变迁。只有充分发挥档案资源的价值，不能让档案资源紧跟时代步伐而不褪色。档案管理部门应当深度挖掘档案资源的价值内涵，建立档案资源体系，提高档案资源的社会开放度，创新服务理念。档案资源利用者对档案资源的充分利用可以提升档案资源的实际价值，因此，档案管理部门应当关注档案利用者的需求，以需求为导向创新服务理念和利用途径。档案资源利用者的需求是多种多样的。面对不同的需求，档案管理部门可以从以下几个方面完善服务理念。

第一，服务要体现人性化。档案管理部门是为大众服务的，在服务过程中要始终贯彻"以人为本"的理念，转变服务理念，将用户的需求放在服务的第一位，体现用户第一。档案管理部门在服务过程中，对于不同的用户应当平等对待，放低姿态，以服务者的身份要求自己，同时，服务过程中应当做到热情周到，让大众感受到档案管理部门的服务意愿，对不同的使用要求要有耐心，体现人性化。

第二，服务要体现个性化。档案使用者对档案资源的需求是不一样的。档案管理部门应当在服务中引入大数据技术，为不同的档案使用者提供更加精确的信息，做到精准匹配。大数据时代，档案部门要对档案使用者的使用记录进行跟踪分析，注重使用细节，并根据使用者的使用习惯推送与之相符的档案资源，展现服务的个性化。

第三，服务要体现智能化。当前时代已经步入智能化时代，档案管理服务也应当体现智能化。档案管理部门应当建立智能化服务系统，对数据进行实时分析，提取重要数据信息，提升档案资源使用者的智能化体验。档案服务的智能化建设能够充分展现档案服务的水平，吸引更多人关注档案资源，有利于档案知识的传播。

第四，服务要体现知识化。时代的发展是越来越开放的，知识也同样越来越开放。档案服务发展的内生动力还是档案资源的知识属性，这就需要档案管理部门要做好档案资源的知识属性和知识应用的宣传，展现档案资源的知识魅力。大数据、网络技术等都是呈现知识的手段，如果档案资源失去了知识的价值，那么再好的技术手段都是无意义的。因此，档案管理部门应当将知识与技术充分融合，引导人们尊重档案知识，喜欢档案知识，利用档案知识。

3. 拓展服务途径

世界近百年的发展比以往任何时期的发展都要迅速，尤其是互联网的发展带来了信息传播方式的革命。信息以前所未有的传播速度传送到各个角落。档案服务要拓展服务途径，丰富档案资源传播渠道，可以借助系媒体、云技术等手段进行知识传播。

（1）微服务

如今，微博、抖音、快手等新媒体平台已经成为大众了解世界、获取知识的主要渠道。这些平台通过直播、小视频、文章等形式向大众传递着世界的变化、政府的政策等等。档案资源的传播也应顺应网络的发展，创新传播形式，充分利用新媒体平台进行宣传，传递档案知识正能量，逐步形成档案文化。

微信是当前人们沟通和交流的重要工具，其便捷的沟通方式、丰富的社交内容以及方便的支付形式已逐渐成为人们生活的一部分。档案管理部门应当开发自己微信公众号、订阅号等宣传渠道，为社会公众提供档案资源服务，使人们更加便捷地获取档案知识。

档案部门利用微博、抖音、快手、微信等大众传播渠道，使人们在日常生活中就可以了解档案知识、享受档案资源服务，更加切近人民的生活。同时，各种新媒体渠道的使用也可以提高档案管理部门的工作效率，避免因人手不足导致档案工作滞后。另外，档案管理部门还可以通过新媒体与公众进行互动，了解大众诉求，提高服务质量。

（2）远程服务

远程服务也是伴随着通信技术的发展而兴起的网络服务，可以实现跨地域服务，具有成本低、效率高的特点，同时可以对服务进行集中化管理。对于档案服务来说，远程服务也是非常适合的。当然，远程服务需要以档案资源数字化为基础，通过网络技术与用户实时沟通，提供全方位的档案数据咨询服务。因此，档案管理部门应当加快档案资源数字化建设，扩大档案资源的覆盖范围，为大众提供更优质的档案资源平台。远程服务平台可以使不同地域、不同职业的人了解档案知识，接受档案教育。档案管理部门还可以通过远程服务平台为档案管理岗位人员提供岗位培训，建立档案知识课堂，提高档案工作人员素质。同时，远程服务平台还可以为有档案知识需求的人员提供学习机会，丰富人民的档案知识。

（3）云服务

云服务是互联网发展的一个历史性巨变，是互联网产业的新革命，具有成本低廉，安全性高的特点。通过云服务，档案管理部门可以提高档案资源的共享性，扩大人们了解档案的路径。

云计算技术可以将原本分散的档案信息通过云平台组织起来，形成档案云。档案云可以覆盖各种档案资源，同时强大的云计算能力又为服务的高效性提供了保障。档案管理部门可以将档案资源存储到档案云，这样一方面便于档案资料的保存，另一方面减少了纸质资源的消耗。

总之，云服务是档案管理部门进行档案管理和资料共享的重要发展方向，使人们在享受档案知识的同时，也能感受科技带来的便利。

（五）强化行政能力

档案是记录历史的重要工具，承载着社会的记忆。档案资料记录着人类的进步、国家的发展，对党和国家的建设有重要的借鉴意义。档案行政管理是通过行政手段对全国档案进行统筹的管理方法，通过制定统一的管理制度、监督制度实现档案资料的有效利用和保护，是国家行政工作的重要组成部分。档案管理中的事务性工作比较多，与其他行政管理部门相比，在人民群众中的存在感较低。这是因为档案行政管理工作大多是与党和国家机关打交道，与人民群众的接触比较少。当前，我国正在大力深化国家行政体制改革，着力推进国家治理体系的现代化建设，为档案行政管理体制的完善和改革提供了良好的制度环境。在这种情况下，档案管理部门应当积极转变行政职能，推进档案管理体制改革，增强档案业务水平，将档案行政管理体系打造成高效、先进的体系。

1. 转变行政职能

档案行政管理在社会行政管理中的地位不明显，行政工作比较被动，行政管理目标和范围不清晰，给人一种什么都要管，但是什么都管不了的感觉，这是制约档案行政管理发展的主要问题。大数据时代，档案管理部门必须明确行政管理目标，清晰地定位职能范围，同时，善于使用社会力量解决工作中的问题，简化工作流程，转变行政角色，让更多的社会力量参与档案管理工作，提高部门管理能力，进而提升工作效率。

首先，要明确档案局和档案馆的社会性质。"局馆合一"的体制在我国已沿用多年，这是自1993年我国机构改革以来一直沿用到现在的体制，是为了顺应当时"精兵简政、提高效率"的政策而进行的改革。"局馆合一"从形式上将两个机构合成了一个，机构数量减少了，但是这种形式也导致档案管理部门内部分工不明确、职能划分不清，机构体系复杂。对于档案管理部门来说，需要明确其单位性质，确立单位职能，这样才能保证档案工作有序、顺利地进行。当前，档案管理部门需要着重解决局和馆的性质问题，将局和馆的性能划分清楚，改变体制结构。档案管理部门应当是依法对本行政区的党政机关、企事业单位进行档案工作指导和服务的单位。当前，我国全面推进法治化建设，档案管理部门行政工作应当做到有法可依，依法执行，改变以往混乱无序的状况。档案局应当主要负责档案管理的行政工作，而档案馆应当主要负责档案资料的搜集整理工作，两个单位应当各司其职，将工作职责分清，将行政职能和档案管理职能分清。

其次，善于运用社会力量参与档案服务工作。如果明确档案管理部门的性质，那么档案局和档案馆的工作职责和内容也就比较清晰了。明确的分工有助于提高工作效率，避免工作的盲目和混乱。同时，档案管理部门可以依法引入社会力量参与档案整理和服务工作。将社会力量引入档案整理和服务也符合我国社会主义市场经济的发展趋势，同时也可以促进档案管理部门行政角色的转变。社会力量参与档案整理和服务工作需要在法律和档案管理部门的监督之下，确保档案信息的完整、准确和安全。国家应当鼓励和支持社会力量参与档案事务，将社会力量当作档案事业发展的有效补充，积极引导档案协会和其他社会档案机构参与档案事业发展，给予涉及档案咨询、档案软件开发、档案用品制造等方面业务的企业一些优惠政策，鼓励企业进行档案方面的创新。另外，档案管理部门应当积极协助社会力量进行档案事务方面的宣传，提高社会力量的行业影响力，引导社会力量向专业化发展。

2. 提升行政执法水平

档案行政管理部门依法行使行政执法权，保证国家法律的正常执行，其执法能力的高低对其部门权威有重要影响。因此，档案管理部门应当完善法律制度、健全人才队伍、提高执法力度，提升综合行政执法水平，提升行政地位。

第一，完善法律制度。我国自 1987 年开始设立档案法，档案法是档案管理部门进行档案管理的基本准则，也是开展档案工作的主要依据。随着我国经济的腾飞，社会形势发生了很大的变化。因此，应当适时对法律进行完善和修订以适应社会和工作形势的变化，让法律和执法都能够与时俱进。当前，我国大力推进档案电子化进程，各种电子档案的数量大幅度增长，这对档案管理工作也提出了新的挑战。档案管理部门应当加强电子档案方面的法律法规建设，及时完善电子档案法律方面的制度，避免造成档案管理部门对电子档案管理无法可依的局面，增加电子档案管理的法律依据，提高行政执法效率。完善档案管理工作的法律制度，还有助于提高档案管理部门的话语权，使档案管理工作的主动权掌握在本部门手中。同时，档案管理部门要积极对档案管理工作的法律法规进行宣传，强化社会大众的档案法律意识。

第二，加强法治队伍人才建设。国家是档案管理部门进行行政执法的坚强后盾，应当为档案管理部门的行政执法提供良好的社会法治环境。同时，档案管理部门应当加强自身人才队伍建设，鼓励各机关、组织积极为档案管理工作建言献策，使档案管理工作与各党政机关、社会组织的工作更加协调，还可以联合不同机关，组织成立档案管理监督小组，保证行政执法的公平、公正，提高档案管理部门的公信力。另外，档案管理部门可以从其他机关、组织选聘法律方面的人才作为法律顾问，填补法律人才方面的空缺。同时，法律专业人才能够为档案管理法律法规建设提供专业、系统、有效的建议、意见。档案管理法治人才队伍建设能够为档案管理部门行政执法提供强有力的法律知识支撑，维护档案工作各方面的权益，促进执法公平。

第三，提高档案管理部门的执法力度。档案管理部门要加强对违反档案法行为的监督，加大执法力度，促进档案工作有序、平稳地进行。对于丢档、损档和占有档案的行为依法给予严肃处理，并严肃追究相关责任人的责任。2013年，国家档案局颁布了《档案管理违法违纪行为处分规定》，对违反档案管理工作的行为做出了具体、明确的处罚规定，成为档案管理工作重要的法律依据。《档案管理违法违纪行为处分规定》是在充分总结我国档案管理工作实践经验的基础上而制定的，有力支撑了新环境下的档案管理工作。《档案管理违法违纪行为处分规定》（以下简称《规定》）的出台，标志着我国档案管理工作迈入新台阶。《规定》中明确了个人、单位的具体责任，对处罚进行了具体、详细的规定，同时为档案管理部门建立协查机制提供了法律依据。新形势下，档案管理部门应当充分重视档案管理工作的重要性，以法律法规为依据，强化自身历史使命，为我国经济建设、文化传承、历史发展贡献力量。

3. 提高业务指导水平

档案管理部门是档案业务指导的主力军，在档案指导工作中要表现出良好的专业水平。在档案业务指导工作中，档案管理部门要加强对档案工作者的业务知识教育，着重提高其工作能力和执行力，展现档案管理部门严谨的工作作风，增强档案管理部门的社会影响力。

首先，提高档案管理部门的业务分类指导能力。第一，及时引导新成立的企事业单位进行建档工作。我国经历了多年的行政体制改革，在政企、政事、政资、政社分开的环境下，有许多企业事业单位是从原来的行政单位中分离出来的。对于新成立的企事业单位、组织，由于政府干预相对减少，导致很多单位还没有开展建档工作，对建档工作的重要性认识不足，这就需要档案管理部门发挥先锋作用，增强企事业单位、组织的档案管理意识。同时，档案管理部门在进行业务指导时，要充分与新单位、组织人员进行沟通，听取新单位、组织的意见，针对不同情况做适应性调整，让档案指导工作一步到位。第二，积极倡导、指导社会个人、家庭等进行私人建档。家庭是社会的细胞，默默无闻地促进着社会的进步与发展。长期以来，我国的档案管理工作以国有档案为主，忽视了个人、家庭档案的重要性。家庭、个人档案是宝贵的社会财富，蕴含着人类的智慧。大数据时代，私人档案的信息越多，对人类社会发展的贡献越大。因此，党和国家鼓励家庭、个人建档，这就需要档案管理部门发挥自身的专业性，耐心指导有建档需求的家庭、个人的建档工作，同时，加大私人档案的宣传工作力度，可以利用社区、志愿者、电台等渠道对家庭、个人建档进行宣传，为国家、社会、人类积累更多的社会财富。

其次，加强档案管理专业人才建设。档案管理部门想要为社会提供专业的档案咨询、管理服务就需要有足够专业的档案管理人才。目前，档案管理部门中有很大一部分工作人员并不是档案管理专业出身，造成档案管理部门行政能力强、业务水平差的情况。因此，档案管理部门应当科学规划自身专业人才队伍建设，重点吸纳档案专业的管理人才，以此来提高整体业务指导水平，使档案指导工作更加专业、可信。另外，档案管理部门也可以加强与高校的合作交流，利用高校的教学资源和专业优势，积极培养档案专业人才，强化对现有人员的档案知识再教育。在档案编制人员录用上，要以专业作为录用的门槛，逐步提高管理队伍中专业人才的比例。同时，档案管理部门应当鼓励党政机关、社会组织、企事业单位等选聘专业人才作为专职档案管理员，避免出现档案管理人员身兼数职的情况。在职称评定、职务晋升方面，应当严格把控相关人员的专业素质，实行持证上岗制度。大数据时代，档案管理工作要求走专业化、精细化的道路。档案管理部门要充分认识到人才的重要性，多渠道、多方面地提高从业人员的专业水平，打造一支专业能力精、管理能力强、执行能力到位的档案管理队伍。

（六）构建档案数据资源保障模式

相关档案管理部门需要重视档案的收集以及审核工作，增加档案的扩增范畴以及种类，最快速地构建起档案资源充沛、内容科学、框架合理、水平较高并具有当地特色的档案管理模式。改进现阶段档案管理的途径与方法，加快检索设备管理机制的建设速度，构建档案数据分析中心。随着我国档案种类以及数量不断增加，社会对档案的要求愈加严格，原有的档案管理模式以及途径已经无法适应档案用户的基本要求，而且对后期档案数据处理工作也会起到不良效果。所以，相关档案管理部门必须不断改进档案管理的方法，并不断研究、创新更为科学的管理技术，尤其是在计算机领域以及缩微技术方面。尊重现实，改变传统观念，扩大档案数据资源管理所对应的服务范畴。相关档案管理部门必须掌握开发并且使用档案数据信息资源的能力。转变传统的管理观念，树立主动服务思想、开放意识、竞争理念、合作观念以及经济观念等等。要转变仅仅凭借档案管理部门进行档案数据资源研发的观念，走联合研发道路，扩增档案管理部门在市场当中的接触面，始终围绕党和政府的中心思想，并结合档案管理部门的实际情况，相信只有这样档案管理模式才能得到有效的应用。

（七）向数字信息化模式转变

我国的档案管理工作一直是由政府主导，主要服务于党政机关、企事业单位，是一种高度集权化的管理模式。多年来，虽然党和国家非常重视档案管理工作，但是在档案管理工作的资源投入上相对不高。大数据时代，档案管理工作逐步淡化了政治色彩，导致档案管理在数字化、电子化的进程中出现很多与社会发展不适应的情况。档案管理工作的进一步发展应当转变传统的管理理念、吸收互联网思维，实现网络、数据、管理的统一。当前，我国鼓励各行业进行"互联网＋"创新改革，为档案管理通过的创新发展提供了新的发展方向。档案管理部门应当紧跟时代发展的步伐，借鉴"互联网＋"丰硕的实践经验、成果，加快数字化、电子化进程，为社会提供优质的档案服务。同时，各级档案部门可以开展具有一定规模和影响力的档案活动，改变公众固有的观念和认识，提高档案意识和认知度。

（八）向跨界融合档案管理转变

长期以来，我国档案部门都是以保密和封闭式的管理为主，为社会公众服务的水平远远落后于发达国家，档案难以利用和公众档案意识薄弱影响了档案作用的发挥和档案在公众中的形象，甚至在一定程度上影响了档案事业的发展。近年来，档案管理者在国家信息化战略的大环境下，积极开展创新研究，秉承"互联网＋档案"的跨界融合思维，突破单纯的档案管理界限，推动档案信息资源的开放共享建设，从而实现档案信息资源的转化和价值，逐步构建互惠互利的档案管理和服务生态圈，促使档案事业发展进入一个崭新的阶段。"互联网＋档案"并不是将两者简单地进行"加法运算"，而是要实现互联网与档案资源的深度融合，使二者融为一体。在档案管理中引入"互联网＋"技术，需要资金、技术等不同方面的大力支持，需要各个环节的有效衔接，还需要注重不同部门间的配合。

第三节　档案信息资源开发

工业革命带来了人民物质生活的极大变革，实现了人类跨越式发展。信息革命让世界变得更小了，人与人之间的距离更近了。档案记录了历史，同时也丰富了社会发展的数据。信息社会应当充分利用档案中蕴含的庞大数据，对其充分地开发利用，让档案更好地服务社会发展。当前大数据技术正在蓬勃发展，档案管理部门应当充分利用大数据技术优势与自身数据的多样性，加强与互联网、大数据企业的合作，让尘封于历史中的档案信息在新的社会散发光芒。

在档案资源的开发过程中，有效的分析方法和资源使用模式是开发工作的关键，同时也是改善档案管理工作环境、提高档案管理工作水平的关键。传统的档案管理思想并不重视档案资源的开发利用，在管理模式上存在一些问题。随着社会的发展以及信息技术的提高，在档案资源的开发利用过程中，档案管理部门应当及时梳理、解决遇到的不同问题，加快档案资源开发利用的速度。多年来，我国档案数字化、电子化建设已经取得了显著成效，极大地提高了档案管理工作的效率，为档案资源与大数据的融合提供了坚实的基础。档案资源在现代社会的开发利用是社会发展的必然趋势，同时也是促进社会发展的重要力量。

一、档案信息资源开发的内涵

（一）档案信息资源开发的定义

现代信息技术的发展为档案资源的开发提供了良好的社会环境。档案资源的开发指的就是利用现代信息技术手段对档案数据进行加工，提取数据中有价值的信息，更好地为社会生产服务。

（二）档案信息资源开发的特征

现代社会是信息社会、数据社会。新的社会环境下，档案资源的开发利用呈现新的时代特征。档案管理部门应当充分认识到新形势下的社会发展趋势，把握档案管理工作发展方向。

1. 获取档案信息资源的途径增多

互联网的发展丰富了人们获取信息的途径，改变了人们的生产生活方式，同时也改变着人们获取档案资源的途径。传统观念中，人们获取档案资源的主要渠道是档案馆、网站、图书等。在移动互联网飞速发展的今天，智能手机的普及使人们可以随时随地获取最新的社会信息。这种环境下，档案资源也变得触手可及。

2. 时间上的碎片化

现代网络及信息技术的发展导致人们习惯于通过网络获取碎片化的信息，这也反映了人们时间使用上的碎片化。档案信息服务也应当适应人们获取信息碎片化的特点，让人们可以随时随地获得档案信息资源。伴随着移动互联网、智能手机的发展与普及，人们更喜欢通过图片化、视频化的方式获取知识，这就要求档案资源开发者要创新信息传递方式，用人们喜闻乐见的方式进行档案资源的再创造，调动人们学习档案知识、利用档案资源的兴趣。

3. 空间上的移动性

社会是不断发展和变化的，处在环境变化中的人们也在不断地变化。处在移动互联网络环境中，智能终端使人们突破空间的限制，可以在不同地点、情境获取同样的信息，而且人们的终端在空间上也是不停移动的。这种移动的特点为档案信息资源的开发提供了一定的便利条件，同时人们获取档案信息的空间环境相对更加自由。从另一个角度讲，这种移动的特点也为档案资源开发工作带来了新的工作挑战。由于网络环境复杂，各种信息层出不穷，档案资源需要具有足够的吸引力才能引起人们更多的关注，引起人们了解档案信息的兴趣。

4. 用户主导档案信息资源开发

网民是移动互联网的话语主体，为人们提供了表达自己想法、诉求的平台。这就要求档案管理部门要转变传统的档案资源开发思维，以用户需求为导向，融入市场经济体制，要在档案管理宣传手段、形式上下功夫，逐步提升社会大众的档案意识，丰富人们的档案知识，提升档案资源的利用率。

二、档案信息资源开发的意义

信息资源是现代社会最重要的战略资源，是一个国家经济发展和社会进步的重要保证。信息资源的重要性日益突出，档案信息资源作为信息资源领域的重要组成成分，势必要配合信息资源开发的历史洪流，坚定服务社会主义精神文明和物质文明建设，是新时代档案学领域顺应经济社会发展的必然要求。因此，档案信息资源开发势在必行。

档案信息资源开发契合经济社会发展对档案工作的要求。在要求经济社会全面协调可持续发展的环境下，档案作为一种对经济建设具有保障性原始性的决策参考信息，应当最大限度地发挥其存在价值，推动各行各业生产建设的发展。档案工作必须紧跟其发展要求，不可只停留在过去的一般性工作上，要运用现代化管理手段对馆藏进行有效的、深层的开发，充分发挥档案信息资源在信息化建设中的重要作用。

档案信息资源开发是档案事业发展的基本要求。在一个以信息资源为主要竞争手段的时代中，档案工作若想紧跟当下社会发展脚步，必须重视档案信息资源合理地开发利用，最大限度地发挥档案信息资源的价值。只有将档案信息资源有效地"激活"，档案才可以作为一种生产要素推动生产力的发展，档案事业才会充满活力。

档案信息资源开发有利于满足多样化的社会需求。社会的发展进步离不开社会中的主体即社会人群，社会人群的信息需求是不确定的、深浅不一的。档案人员根据社会不同层面和领域的人群对档案信息资源进行针对性的开发利用，实现资源有针对性地整合共享，提高信息传播的效率，是社会人群对档案工作的必然要求。

三、档案信息资源开发的必要性

信息是帮助社会掌控当下、预测未来的重要管理资源。信息作为重要的经济资源，当其高效地注入生产活动过程中时，能缩短劳动主体对客体的认知和熟练过程，提高生产效率。信息资源的投入还有助于激发经济活动过程中技术、工艺的革新与创造。

（一）推动档案事业与社会协同发展

任何事物都处在不断的运动过程之中，从通信的角度来看，信息就是通信内容，信息可以用来消除和减少实践活动过程中不确定性的东西，提供目标需求的信息资源，有利于提高社会管理活动的有效性、针对性，实现档案信息资源的社会效益，在经济社会中发挥其重要的调控功能。档案信息资源开发的社会效益，在广义上讲，是社会总体利益，而不是某个体的利益。"社会效益指人类的科技、生产、基建、经济、教育、文化、军事、政治等各种活动中的创造成果为社会所共同享用，档案信息资源开发的社会效益是从社会总体利益出发来衡量档案工作的效果与收益。"[①]

此外，档案在中外的文化交流中也具有不可忽略的促进作用，随着中外文化交流范围的不断扩大，外国学者到档案馆查阅档案的现象不断增多。档案信息资

---

① 颜海.档案信息资源开发利用 [M].武汉大学出版社，2003：186.

源的有效开发从档案馆出发，实现并拓展了档案馆服务社会的主要职能。对社会来讲，档案信息资源在经济社会的发展中的综合贡献是以其档案的本质属性来实现的，档案作为原始记录信息的凭证价值、决策价值、情报价值、历史价值往往在经济社会中起到关键性的作用，能够促进经济社会更加稳定健康发展。因此，"档案信息在国家政治、经济、文化和科学研究中可以长远地利用，这种效益是客观存在的"[①]，档案信息资源开发有益于推动档案事业与社会协同发展。

（二）符合供给侧结构性改革要求

档案信息资源作为社会信息资源的重要组成部分，档案馆作为为社会服务的公共部门，应顺时而动，应势而行，在国家信息政策的全力支持与政府职能转变的制度支撑之下，全面有效地发挥档案馆馆藏的社会价值，履行档案馆的公共服务职能，将档案信息资源依照社会需求趋势进行系统地有针对性地开发；同时建构社会记忆，服务于社会、政治、经济、文化、教育等多领域，实现档案信息资源的留存价值，切实履行国家对信息资源开发的新要求，辅助政府由生产建设型过渡到公共管理型，践行人民政府为社会服务的价值取向。

（三）利于加快档案馆功能拓展

档案信息资源开发实现了档案馆的馆藏升级与建设，服从于专注服务社会、提供利用有效档案这个工作的总目标。实现档案资源的合理配置，使档案馆更好地服务于社会，馆藏建设工作开展的方向决定了馆藏结构与利用者需求结构是否能保持基本一致。档案馆馆藏观念的强弱，馆藏档案的合理结构比例，馆藏是否具有完整性、系统性、实用性、价值性、特色性，将或多或少影响档案信息资源开发的程度和服务社会的效果。建造合理的馆藏结构，在其允许的范围内，主动做好收集工作，不断丰富优化馆藏，为档案信息资源的开发工作奠定基础。档案信息资源开发不仅有利于实现档案馆的社会服务功能，充实信息资源的提供利用范畴，还可以跟随时代发展进行工作创新，有利于传媒企业进行文化合作开发，制作具有当下社会影响力的纪录片、影片等，还可以通过各种新媒体渠道推送档案信息资源开发的新成果，扩大档案工作的社会影响力，同时提高社会对档案工作的了解与肯定，获得更多的有效反馈，从而将档案事业推进良性循环之中，为实现社会发展提供稳定的历史环境，更稳固地为国存史。

---

① 　陈智为. 档案信息论 [M]. 中国人民大学出版社，2000：3.

（四）实现理论与实践同步发展

大力进行档案信息资源开发这项实践活动，往往是基础理论和实践标准走向成熟与完整的工作必经之路，基础理论和应用理论在实践中获得检验与发展，反过来更好地指导实践，这一过程中往往伴随着档案事业指导思想的改变与制度的调整，会极大推动档案服务与利用理论的发展与提高，使档案信息资源开发工作向深度和广度发展。

档案信息资源开发，有益于对社会以及利用者进行深层的、全面的需求研究。新的档案开发成果的诞生，会激发利用档案的大量需求，通过系统地研究，评估利用者档案信息利用情况，对社会需求做出及时有效的预测，以便对档案信息资源开发的价值取向做出合理的正确的判断，使档案信息资源的开发更加具有现实社会价值。

档案信息资源的开发对档案工作的各个环节都产生一定的影响，特别是对档案的服务思想、服务对象、服务的方式与标准的更新与研究有着实质性的影响，档案服务贯穿于整个档案工作的全过程，属于一个更高、更深的层次。档案信息资源开发离不开档案事业理论的指导，现实社会中的档案实践成效又反过来影响理论的发展，使档案理论更好更有权威地指导档案实践的开展，两者相辅相成，互相依存，共同发展。

四、社会对档案信息资源的需求

需求是人的大脑对客观需要的反映，是人们实现某种目标的愿望驱使。在以信息决定社会发展效率的时代中，消除"信息淹溺，知识荒饥"这一现象，才可获取真正有用的、针对社会需求的信息。社会对档案的需求千差万别，按照不同的标准可以划分为不同的需求类型。需求是构建档案信息资源库的起点，了解影响档案需求的社会因素，掌握社会对档案需求的规律和特点，对档案信息资源开发价值取向的更新与确定，设计和建立新的档案信息服务系统，更有针对性地对社会进行档案信息服务，都有重要意义。

（一）国家宏观层面的档案需求

档案是一种由社会实践活动生成，又可以反作用于指导社会实践的原始记录信息。档案信息资源是一种战略性资源，对国家社会政治、经济、文化的发展有间接性的重要指导作用。

1. 政治安全需求

政治对于档案信息资源的需求往往处于一种间接的状态，但档案仍在无声无息中致力于友好外交政策的诞生。20世纪30年代毕业于哈佛大学的中国学专家费正清教授，几十年一直致力于中国问题以及中美外交政策的研究，他的研究不仅局限于史学，还扩展到了多个领域，例如其著作《共产党中国，1955—1959年：政策文献分析》《与中国的不解之缘：五十年的记忆》等，1948年发表的《美国与中国》成为现代中国学的奠基之作。他的论述影响着几代美国学者，在美国对华的政策方面起到了很大的作用。这些著作的内容需要以大量的中国历史档案信息为基础，而国内外大量的档案资料也通过他的努力产生了有价值的开发和使用，为中美关系的存在问题以及后续发展提供了大量的历史凭证和决策性观点，为中美友好关系的建立做出了巨大的贡献。类似于费正清这样终生致力于外交和平的学者在国内外有很多，他们的学术经历和精神追求每时每刻都在维护国家的和平与安全。档案具有的历史真实性，还有利于捍卫国家利益与领土安全。

2. 经济建设需求

《关于加强信息资源开发利用的若干意见》（中办发〔2004〕34号）提出，"要充分认识信息资源开发利用工作的重要性和紧迫性，高度重视信息资源开发利用对促进经济社会发展的重要作用"。一个国家经济的繁荣取决于经济发展的附加值，在于其能否增加更多的高附加值的服务。在信息资源作为战略性资源的社会，经济社会的发展离不开信息资源的服务。在以信息化促进工业化的经济社会中，信息资源作为一种无形的社会财富和生产要素，与能源和有形物质材料同等重要。档案信息资源作为一种信息资源，对经济发展的推动具有无形的综合贡献力。在管理活动中，档案作为一种管理要素，又是经济管理与生产管理效益的调节者之一。经济市场竞争的面具之下，又是信息资源的竞争，信息资源对经济管理的拉动是无形的但又不可代替的。加强档案信息资源的开发有益于增强我国的综合国力和国际竞争力，提高信息资源产业的社会效益和经济效益，推动经济社会可持续发展，更好地履行经济调节、社会管理、公共服务等职责。每一次的深化改革都面临着新的配套政策与专项方案的出现，在新的政策产生的过程中，必然需要大量的决策、情报参考信息；对于蕴藏在档案中的知识信息，应当予以重视并对其合理地加以系统规划和开发，提供优质的档案信息资源，更直接地服务于社会经济建设与发展需求。

3. 文化融合需求

特定的文化环境影响着社会人群的实践活动、认知活动和思维方式，也影响着社会人群的世界观、价值观、人生观的趋向，而这种影响是在潜移默化中出现的，一旦产生则影响深远持久。文化繁荣与发展对档案的需求具有间接性、长期性，产生的影响也是在时间的长流中慢慢渗透出来的。档案对传统文化具有传承作用。中国的文化是故事的文化，几千年来积累下来的故事文化成为现代人口中的传统文化，传统文化是多元化的、复杂的，不断在矛盾之中进行上升变化的价值观的文化，"传统文化只是儒家的文化"这样的认识是片面的、主观的、简单化的。前人所经历、阅读、听到的这些故事，在后人的相互交流、传播之中一点点地流传。科学研究记忆揭示，记忆必须有一系列的关联性才可以被记忆。前人的故事也就在一部部的手稿之中慢慢流传至今，成为弥足珍贵有价值的传统文化。这一部部稀有的手稿就是中华民族珍贵的历史档案，"为往圣继绝学，为万世开太平"，档案在文化的历史传承过程中具有关键性的作用。档案为现代弘扬民族文化、为万世积淀新的文化。真实的原始历史记录有助于提醒中国人在现代社会中的民族文化的自觉，有助于加强青年的爱国主义精神、民族认同精神，完善现代社会人道德信仰，强化中国人独特的精神风貌和创造活力。

（二）社会机构团体的档案需求

1. 行政管理机构的档案需求

党政机关领域的档案利用团体。这一类主要为组织管理人员，承担着制定规划、计划、政策和规章制度，以及进行决策、组织、控制、调节等科学管理的任务。其信息利用能力较强，注重档案信息的客观性、综合性和决策性，多利用管理、政策类的档案信息来研究当前领域的动态发展，解决工作中的问题，对档案信息的需求具有权威性、准确性、深层次、高标准、高效率等特点，利用档案的参考价值完成行政管理事务的查考、修订和制定战略规划、决策、计划等，完善组织内部的运转和发展。政府在不同的时期对档案信息需求的内容和层次也是不同的，在政府工作价值取向由"为国家"转向"为社会"的阶段中，服务社会公众的需求成为新型政府行政管理工作中建设和规划的方向，决定了党政机关转向更多利用与社会公众相关的人口、教育、社会保障、民政福利等方面的档案，以及已形成的政府处理社会事务及国家事务的综合信息档案来获取管理经验、政策经验，高决策效率和管理效益。其利用的需求特点是受政治、经济环境影响较大、较多的需求年代，较近的法规政策性档案信息以及全局性的综合型材料和浓缩型材料。

2. 科研组织的档案需求

科研组织团体主要是指从事社会科学研究和自然科学研究的科研人员、教师、学生以及从事工农林业生产的工程人员和技术人员等。这一类社会公众获取、选择、利用信息的能力较强，一般需求为深层次、多样化的专业档案信息。同时这一类的需求者受社会环境与时代的影响，科研内容与方向表现出很强的时代感。科研技术团体人员档案需求主要为产品文字档案、科研文字档案、基建文字档案、设备文字档案以及照片档案等。基于档案的凭证价值和情报价值，科研人员用以进行深入的科学研究，出版科技著作、论文，提高产品生产效率，最大化地规避工程风险，完成科学技术的存储和技术开发，从而为现代社会的发展提供有价值的科研成果。一些大型科技组织团体进行的工程需要时间的累积与科研人员的继承研究，对前人研究的档案利用就在无声的时间中完成了科研实验活动的接续和科研人员的接力，这些科研组织团体利用档案有了科研成果，进而产生经济效益。这种经济效益有间接和直接两种，节约生产时间是间接经济效益，加速生产建设、规避生产实施风险则是直接经济效益；对大型国家科技档案的成功利用与开发则会带来社会效益。

（三）社会个人的档案需求

社会结构的升级发展拓宽了社会各类群体对档案的需求结构和需求内容。公众对档案信息需求有朝着专业深化发展的趋势，社会公众的需求的变化规律呈现出立体性、层次性、主观性，以群体划分大致可以分为学术需求群体、行政需求群体以及普通公众需求群体。学术科研人员通过利用档案信息解决科研与学术层面的问题，注重档案编研信息的专业性与实用性；行政需求群体需求内容主要集中在政治、经济、管理、市场、法律等方面，强调信息的综合性、系统性和完整性；社会普通公众利用档案多是解决生活工作上的一些问题，维护自身权益，通常与自身利益密切相关，需求比较明确，查档涉及范围比较窄，多为婚姻、人事、财产、工龄、学历、劳保、津贴等与其生活、工作密切相关的档案信息。这一类人群利用档案的信息能力不均衡，但其专业性普遍较弱，所以对如何获取自己需求的档案信息不是很了解，也不愿花费大量时间去查询，更多需要档案人员提供便利的引导和信息服务。

五、档案信息资源开发的现实依据

（一）信息资源规划理论的提出

经济社会的快速发展使得人们从来都没有像今天这样依赖信息，从国家到社会个人，从经济建设到普通生活，每一个方面离开信息都将无所适从。人们每天都在接受信息、处理信息、选择信息、利用信息，根据信息而采取各项行动，完成方方面面的任务。信息不是能量和物质，需要借助物质载体而存在。信息在社会发展中已经显现出巨大的价值，甚至是比物质和能量更需要重视的一种资源。对如此海量的信息进行系统的、针对性的提取和利用，使信息更有效地服务于社会发展就成为人们不断创新的方向。

信息资源规划理论最早是由高复先教授提出的，信息资源作为战略资源，对国家在国际上地位的提升，国内经济发展以及社会各项建设中都发挥着举足轻重的作用。2008 年 5 月 1 日，正式实施的《中华人民共和国政府信息公开条例》中规定，除了国家秘密、个人隐私、商业秘密以外的政府信息，原则上都应该向社会公开。《政府信息公开条例》的出台，对档案馆工作提出了新的要求，档案部门的档案信息资源开发内容和方向应该逐渐关乎民生。但是，关于档案信息公开的立法还不完善，开发利用的范围不明确，所以，全面地开发还需要时日，需要合理地规划。档案信息资源的开发利用对促进社会的发展是多方面的，档案是原始信息资源，具有极高的凭证价值；档案是文化资源，可以为文化研究提供保存准确的信息资源；档案还具有社会价值、管理价值、情报价值等等。档案信息资源的开发利用对于国家的综合性发展同样具有综合贡献力。

（二）信息资源产业的蓬勃发展

伴随着科学技术的快速发展，劳动力、资金、技术这三个要素在生产发展中的比重不断变化。劳动力和资金由 20 世纪 20 年代初的 60%~80%，到 70 年代以后降到了 20%~40%，在此变化过程中比重不断增加的是科学技术知识。由此得出，科学技术知识已经成为生产发展的核心力量。

信息产业重点在于创新，需要多项主体部门之间开发合作，多渠道地推广服务，高质量全方位地提供深加工的信息资源。信息资源产业的推进可以弥补暂时的市场信息黑洞、政府调控缺陷等。信息资源产业是最有活力的高智力型、高渗透型、高投入型的战略性产业，这些特点决定了它在当今社会发展中独特的作用。信息资源产业的发展对档案信息工作的影响是多方面的，为积极响应国家发展信息资源产业的号召，档案部门在当地政府的政策、资金的支持下，加快对档案信息资源的开发利用，加快档案信息转变为知识产品的速度，开发档案文化映射社会文化，改革现有工作方式和工作内容，为社会提供所需的档案信息，为科研活动提供准确的原始资料，为档案信息走向市场奠定了基础。

（三）信息网络技术环境的支撑

经济社会的迅速发展离不开信息技术多方面的支持，信息网络技术环境的发展对传统档案理论有着巨大的影响。通过电子计算机对档案信息进行加工、存储和检索，极大地提高了档案信息的处理和查询速度，缩短了档案编目和检索的时间；保护了纸质档案，避免了因使用过多而造成损坏和丢失，节省了大量档案馆空间；实现网上录入、转换、整合、提取，著录编目，检索归档，减少对人力资源繁琐低效的过度消耗，提高了对档案整理、分类、存放的有效利用，使档案信息资源开发工作更加便捷、更加系统。网络环境的发展刺激了档案信息资源开发工作的创新，使加工后的档案信息可以通过网站、新媒体、全媒体等媒介进行资源放送，阅览传输，实现了档案信息资源开发的价值。同时，信息网络环境为档案信息资源的开发塑造了更多高素质高技能的知识型人才，优化档案信息资源开发环节的同时，也提升了档案人员的素养，实现了对档案信息资源的便捷使用，提高了服务效率。

六、档案信息资源开发存在的问题

（一）开发理念过于传统

长期以来，档案工作者对于档案信息资源的开发工作都抱着一种望而生畏的态度，而在实践中也并没有形成一套有规则体系的开发标准，这都离不开开发者工作观念的影响。开发理念应该以整个社会的需求为档案信息资源开发总目标，而在现实中档案工作者在这一环节上仍有待改善与加强。开发理念会影响整个档案馆价值取向的确定，开发者自身的工作素质、能力素养、文化程度会同时影响其档案开发观念。全面开始以面向社会为价值取向的档案信息资源开发才可以大范围地激发社会对档案的需求，从而使之进入良性循环。开发者对于档案信息资源的开发往往是以"为机关"为首要目的，而非"为社会"。在现今社会的制度下，政府的工作发生了历史性的职能转变，由"为机关"逐步向"为社会"转变。社会形势的更改必然影响各个领域工作方向的转变，就档案工作而言，档案机构本就是以社会公共机构的名义而存在的，转向更多地服务社会公众恰恰符合档案机构的发展趋势。档案开发者的开发理念也应当从整体为国家服务，转向既为国家服务又为社会公众需求服务。

（二）开发内容存在失衡

档案信息资源建设应以社会需求为主要目的来进行档案信息资源开发，新中国成立以来，由于档案馆的职能长期以来是以服务各级党政机关为主，各地方的档案馆馆藏也大多以党政档案为重要收集、保管对象，再加上十几年来网络技术惊人的进步，档案馆馆藏的内容上就出现了较为严重的失衡现象，"在结构上表现为行政档案与民生档案、实体档案与电子档案、综合档案与专门档案的严重失衡"[①]；在数量上，由于长期以来受政府"为机关"的工作思想指导，各类档案馆内党政档案数量众多，而关于民生、地方文化特色的档案却明显偏少，关于民生的档案信息资源开发工作自然也无法顺利全面地开展，从而造成部分社会档案利用需求的缺失；"在质量上，由于档案案卷总有部分缺乏规范性归档，归档材料也不尽完整，对利用者利用此档案时会造成不必要的困难，影响了档案高效利用的实现"。[②] 最后，国家档案局还未出台相关的档案信息资源开发的整体规划方案，政府也未有相关开发制度以及法规政策的支撑，这就为档案信息资源开发的前进路程造成了一些亟待解决的拓展问题。

（三）开发主体比较单一

档案信息资源的开发主体本意是指档案馆以及档案部门的工作人员，但档案信息资源开发不只是档案部门一个主体就可以完全承担的任务，实际上还应包括政府、非政府机构、交叉领域部门人员的合作支持。根据长久以来的实践经验可知，档案信息资源的开发成果并没有产生普遍的影响，而且因缺乏各类综合档案馆与专业档案馆之间的信息交流，"信息孤独"比比皆是。仅凭档案部门单方面来承担一个行业的创新与发展，总会存在思维局限，只有经常性地注入新的合作力量，才会有激活档案工作的新思维方式和工作规划。各级档案馆尚未建立创新开发的合作意识，一个部门的影响力总是有限的，一个部门的思维方向也会存在阻碍，只有多馆合作、多领域合作，才有可能产生不一样的开发成果。造成该发展瓶颈的主要原因是，政府缺少关于部门机构之间合作机制的法规，国家档案局

---

① 仲雪珊．基于社会公众需求的档案信息资源建设研究 [M]．南昌大学，2015：21—22．

② 丁玉宇．论档案信息资源的开发利用 [J]．山东档案，2011(4)．

也未明确出台与相关交叉领域的信息资源开发合作标准，这就使部门之间的信息资源合作开发陷入了尴尬的处境，开发也陷于被动的形势。若要有效并及时地消除这一现象，需要政府与国家档案局共同研制出相关的法律政策，从而保障档案信息资源开发进入积极合作新阶段。

（四）开发人才缺乏

档案信息资源的开发工作属于档案馆所有工作环节中最高层次的业务工作，因此，档案馆对从事资源开发人员的要求极高，不仅需要其具有专业的知识基础，还应对开发项目中相关的利用档案方法了解和熟悉，也需要其较高的研究能力以及档案鉴定与编研能力，这样其才可以适应繁杂的档案资源开发工作，同时也可以保证档案开发项目按照预期要求规范性地完成。这就需要档案馆对这一部门人员的配备拟定系统的用人标准以及奖励制度，需要政府部门的资金支持与社会各交叉领域机构的人员支持，以及一支追求效率、认真负责的优秀团队才可以使档案信息资源开发有坚实的保障，才会使每一次的开发合作项目具有社会效益和社会影响力，从而潜移默化地提高社会公众人员的档案利用意识，同时也能巩固档案工作的社会地位与影响力。

（五）开发制度法规匮乏

我国自1980年决定开放历史档案以来，关于档案信息资源开放和开发的法规不断得到修订和完善，有力地促进了档案开发利用。但是人们对于档案的需求随着社会的发展层出不穷、变化万千，而我们的档案资源服务工作与有效满足社会公众的档案需求还具有一定的距离，相关法规还需要进一步完善。《档案法》明确规定档案在保密期限结束后要开放，而在开放的过程中，相关法律法规的修订还没有完全到位，缺少具体可行的方案，如关于经济、科学、技术、文化等方面的档案就不能有依据地进行开放，这就阻碍了档案信息资源更大程度地开发利用。实际上，我国的解密制度并没有得到充分贯彻执行，长期受到传统档案工作思维的影响，人们的保险保密意识根深蒂固；再有就是缺乏实际的解密工作监督检查制度。国家、地方、行业系统之间也还没有形成相互联系、彼此配套的制度。所以从总体上讲，档案信息资源开发利用的政策缺乏系统性、全面性，法规体系不够完善，档案信息资源的有效开发出现了阻碍，有社会价值的档案价值无法实现，从而无法与社会档案需求进行服务连接。

七、档案信息资源开发的策略

（一）健全开发管理机制

1. 完善开发制度

制度的建立是保障档案信息资源开发的有力保障。规范明确的指导思想有利于形成健全的面向社会需求的档案信息资源实践框架，有利于保障开发过程、内容在合理的规则范围变动。档案信息资源开发相关制度的存在可以避免开发过程中各个环节紊乱现象，代表着整体管理水平高低的提示，有利于档案开发部门高效地运转。制定档案信息资源开发工程制度之前，应该先明确其选择和评判的依据是什么，从档案开发利用服务的性质、目标和实践发展三个方面来进行考量。

信息资源作为社会发展的一大驱动，其开发自然成为促进社会不断发展的重要支撑之一。全面理解国家政策的走向和政府的改革意图，制定档案信息资源开发战略规划，将档案信息资源开发理论逐渐应用到社会实践。档案信息资源的开发需要一套全面的、系统的、科学的档案开发规划为指针，形成权威有效的开发价值取向，树立"从社会来为社会去"的规划理念，形成全面性的开发规划政策，创新多样化的开发合作模式，将档案信息内容作为社会历史记录所蕴含的文化价值充分发挥出来，为社会管理活动服务。建立健全的档案信息资源开发体系，是保持档案信息资源开发成果契合社会需求以及促进档案事业正常发展的必要前提。

同时，要强化地方档案机构，严格树立"大档案观"，使档案的收集来源渠道多样化，不仅限于"政府红头文件"，消除"种类单一，结构失衡"的现象，实现馆藏资源多元化，认可社会群众才是社会记忆的根本构建者，维护其公共利益，保藏好其有价值的原始记录，发挥好档案馆在构建社会记忆中的重要作用。除此之外，对于档案馆还应该在社会中加强宣传力度，加强社会公众对社会记忆构建意识的认知，提高建档认识，带动社会成员加入到社会记忆构建的工程之口，使社会记忆的构建更加贴近公众的实际生活，从而保障社会记忆构建的成效。

最后，从本质上改变现行管理体制。管理体制是否科学直接影响管理的效率和效能的高低。改革档案管理体制也是档案信息资源开发的战略规划之一，减少档案开发的盲目性、被动性。高水平的档案信息资源开发会为档案信息资源提出目标和发展方向，为档案信息资源开发创立良好的发展环境，使其更好地为社会的发展服务。

2. 加强政府全面统一规划管理

政府应将档案信息资源开发提升到国家的战略高度，建立专门的、全国性的、跨区域、跨系统的、具有权威性和领导作用的档案信息资源开发规划机构，负责从宏观来引导开发的布局，制定科学的、密切联系社会需求的开发方案，并将方案划分为几个连接性的进程，为每个进程划定期限，为开发工作的各个环节制定工作标准、工作方向，并在各个工作进程完成以后进行工作成效评估，及时进行工作总结与反馈、激励与奖惩，以促进开发工作方案在反复检验和改进领域中，更加全面和完整，科学和系统，为以后的档案开发工作形成一种权威性的工作模式，使档案开发工作更加有据可循，有根可依，使档案学的发展不断形成科学系统的体系，使之更加便捷、有效地为社会各领域的需求服务。

首先，应拟定档案信息资源开发全面实施规划方案，明确和划分档案信息资源开发类型，规划档案开发部门和社会各相关机构的协作问题，规划各类档案信息资源整合，制定档案开发、利用方式，及时总结档案开发利用后的社会反馈。

其次，信息资源开发的合理性需要权威性的法律法规的约束。第一，要保证档案信息资源开发的内容和范围符合国家信息安全要求，对已过保密期限的档案开放，提供符合社会需求的档案编研信息。第二，明确档案开发部门和机构的责任和权利，使其得到法律上的支持和认可，保证与社会各机构进行友好合作共同开发。第三，政府应定期通知档案局（馆）明确每个阶段档案信息资源开发的价值取向，确保及时收集社会各层面的需求和要求，时刻明确面向社会档案开发的动向，并做好监制工作，及时总结归纳档案开发成效的反馈信息。

最后，政府应该着力在档案信息资源开发上进行全面的规划并制定有力的标准。首先是开发环节标准化制度，即通过一系列的标准化制度、指南和手册，明确和规范档案信息资源开发工作，确保开发人员的工作流程是连续的、严谨的、统一的，有质量水平保证的。其次是需求开发匹配制度，即政府应通过大量的数据对社会需求进行周期性估量和预测，总结和反馈，在宏观上及时做出档案开发价值取向的参考标准，保障开发工作有目标性，也保障开发工作的成效具有社会适应性。再次，安全保障制度。安全是档案信息资源开发工程的重要理念之一，应制定明确的制度规范来确保业务开展的各个环节的安全。例如，全面制定基础设施安全制度、开发对象安全制度、业务安全制度。现有的安全保障制度很松散、不系统，若想建立一个完整的安全保障制度，必须考虑到开发的各个环节，将安全制度的规划贯穿整个开发环节之中。最后，合法合规制度，主要是指开发过程中关于档案选取、编研的内部制度，要符合法律要求，保证机密文件不被擅自开发，编研开发要忠于原始记录，忠于事实，不增删任何文字，行为要合于法律，确保开发的各个环节是有效衔接的。

3. 深化档案部门与社会各界合作关系

档案资源十分庞大，对档案信息资源的开发绝非是一个简单的短期工作，它往往需要一段时间、多个团队、技术设备等，独立的档案部门往往无法胜任偌大的开发工程，它不但需要政府和相关部门政策和资金的支持，也需要档案信息资源开发部门与其他部门建立外部综合协调机制，从而建立一种平等的信息、问题交流机制，使档案信息资源的开发始终处在良性开发循环之中。

首先，加强资源联合。档案馆既丰富又具有高度真实性的档案信息资源是社会其他机构不具备的，档案的历史性、文化性、原始性、真实性使其具有知识属性。机构之间的联合开发，有益于改变机构本身信息的不完整性，将各机构的资源进行整合并共享开发，容易产生创新发展。

其次，加强人才技术联合。人才与技术支撑是至关重要的，在机构联合下，双方机构工作人员具有不同的专业知识素养，多样化的交流能有效促使各种问题迎刃而解，有益于创新开发。同时，档案机构在与技术人员的合作中，可以利用其特有的技术分析手段，相互支撑，提高档案信息开发工程的效率。

最后，加强宣传联合。增强与公众的沟通，加快档案信息资源开发成果价值的实现，加强公众对档案信息资源的开发的认识。除了运用传统的宣传手段，例如举办展览、讲座之外，更多地需要借助新媒体的力量来增加宣传力度。最近几年，新媒体信息平台蓬勃发展，成为了社会公众接受、交流信息的重要途径之一，有着优良的交互特性，抓住机遇充分利用新媒体平台，加强与公众主动互动，有益于档案信息资源开发成果的宣传，也有益于档案信息资源开发价值的呈现。

（二）确立开发价值取向

价值取向是基于一定主体的内在价值观念。价值取向具有普遍性特征，它贯穿于人类认识世界和改造世界的各种实践活动之中。价值取向不仅会对个体产生影响，还会对社会群体、社会活动产生一定的影响，具有一定的导向作用。因此，在档案信息资源开发中确立专业科学、高质量的价值取向，精准服务社会实践活动的发展就显得极为重要。

1. 科学服务社会需求

在政府主导以服务社会为主的形势发展下，档案信息资源开发的价值取向必然要以社会需求为主要开发导向。因为价值取向具有社会活动规范和定向的功能，在宏观层面上推动社会实践活动的科学前进与发展，这属于一种无形的力量，在潜移默化中产生影响。将科学服务社会需求作为价值取向之一，使档案信息资源开发实践的每个团队凝聚成一个团体，以相同的价值目标顺从趋势发展，选择各自专业的分工，为档案开发实践进程的稳定而努力，为社会的发展提供服务。

要以科学服务社会需求为导向，正确引导档案信息资源开发实践活动的方向。建立以安全保密、高效优质、合法合规为专业取向，服务性、专业性、效益性并重的原则，立足社会需求特征，全面规划档案信息资源开发。首先，在相应开发制度的保障下，需要政府周期性地深入了解和收集社会各层面的问题，需要具有问题前瞻性思维，将与档案相关的事务分配给档案馆，参照已经制定的开发规划方案，进行一段时间的档案开发工作，并为档案开发成果及时提供有力的支持与保障。其次，档案部门在收集档案的时候需要改变旧档案收集观念，扩大收集关于社会民生特色档案等方面，丰富馆藏，不再大面积面向党政机关单位收集档案，而是更多地面向社会收藏一些与民生息息相关的档案，为面向社会的档案信息资源开发储存完备的材料，如此才能确保以社会需求为价值取向的档案信息资源开发得以顺利开展。

2. 高质量服务经济建设

随着社会主义市场经济的建设发展，经济成分日益多元。档案信息资源开发是一个不断发展的过程，本质上是档案部门信息资源的开发与社会需求开始有机地结合，使得档案信息资源价值实现最大化。档案信息资源开发工作需要社会不断涌现一定的需求，更需要具备一定的实践条件，社会经济的快速发展催生了档案社会化服务的需求，也在一定的程度上奠定了面向社会进行档案信息资源开发的物质基础。改革开放之后，经济建设取得了全面的发展，社会对档案的存储、归档、利用、数字化等方面的服务需求日益增加。十八届三中全会以来，我国经济体制改革深化，社会主义市场经济得到了进一步发展，对档案价值和效益的重视进一步推动了档案社会化服务的出现。档案信息资源开发从服务转型上来讲是一种档案社会化服务的一个重要环节，由于社会需求变化多样，社会分工又不断细化，所以，档案信息资源的开发就在社会发展中顺势成为一项必然的发展工作。首先，档案社会化服务从服务产业上来讲属于现代服务业，涉及服务外包工作及其理论。其次，档案社会化服务又是一种专业化的服务。最后，档案信息资源开发是一种面向社会各层面和大众的服务，其实践发展也可得到公共管理学中相关的理论支持。

因此，更加高质量且专业化地服务经济建设是适应档案学发展的必然选择，也是档案行业作为服务机构的重任，除此之外，还能够辅助解决社会突发危机、提供各项原始科研信息、维护国家历史真实与领土完整等，在宏观的视野下拉动国家经济增长。档案社会化的服务在国内外市场需求均有增长，表现为地域分布广、服务领域多、客户数量递增。国外的一些档案机构已经成功进行档案信息资源的数据库开发并成功地通过商业运作模式获得了用户的认可，收获了可观的经济效益。国内外的档案社会化服务已在世界主要经济体中开展了相关的业务，形成独特全面的服务网络。从服务领域看，档案信息资源社会化的服务已经深入到会计、金融政府、保健、人力资源、法律等多个行业领域，涵盖生活的方方面面。服务经济社会使其更加稳定地发展，积极面向市场，遵从市场规律，与时俱进地开展档案业务，并要求档案机构迅速以促进经济社会建设为价值取向进行档案信息资源开发，并将之纳入正统的全面规划之中。将档案信息资源作为管理要素和信息要素投入进经济发展的运作之中，为国家经济社会的发展贡献力量。

3. 可持续构建社会记忆

档案是社会历史的真实凭据，是人类活动的真实记录，作为实践活动的原始记录，是储存社会记忆的直接载体，是维护国家真实面貌与记忆的强大工具，具有极为重要的凭证价值。可持续构建社会记忆是档案部门的职责所在，在当前档案社会服务展开的实践活动中，借助现代的服务手段，起到佐证的作用。档案部门服务社会的重要职责是将现代社会中的各类庞杂信息中最重要、最核心的记忆进行保存，表现在工作实践中，就是对档案的价值鉴定和保存。档案部门应该在构建社会记忆的过程中，对各类信息进行鉴定和选择，发挥自身专业特长，综合考量影响档案价值的各方面因素，使之为人类社会记忆的维护发挥应有的作用。可持续地构建社会记忆是档案部门的义务和使命。社会记忆是人类历史长河之中的形成和积累，对于人类文化的传承和发展具有不可替代的作用。档案所保存的历史记忆，是长期以来社会政治、军事、经济、科学、文化、技术等活动中形成的历史记录，是一个国家和民族的文化财富。一个没有自己文化记忆的国家，无法长久立足于世界民族之林。在进行档案信息资源的开发过程中，需要收集多个领域的社会档案来构建民族记忆，而这也对民族记忆的维护和延续起到了重要的作用，为人类更加真实地认识世界，创造美好的社会提供了可靠的历史依据，这是档案服务在社会层面上的最高价值取向。

4. 全面践行社会责任

社会责任是每一个在社会中存在并发展着的行业与生俱来的一种属性。社会责任践行的深度与广度，在潜移默化中影响着一个行业在社会中的认同程度。匹配自身行业层面的社会责任，树立良好的社会责任意识是其首要的内在要求，积极履行社会责任是一个行业或者企业实现自身价值和社会价值的重要前提。如果一个团队所完成的为社会服务的工作没有真正实现规模性的价值，那么这个团队所进行的信息资源开发的价值就是非常有限的。在当前复杂多变的社会时代背景下，社会对于档案的信息需求不再是单一、冗余的原始信息记录，而是期待将档案编研信息作用于社会发展、社会管理以及文化的传承中，去践行与生俱来的推动社会发展的责任，加强档案信息面向社会的开发利用。所以说，建设、提高档案的社会服务功能，全面践行社会责任，是档案事业发展的必然选择。

既然档案信息资源开发目标为实现社会需求，那么它在开发伊始，就应该十分重视选题的社会需求价值的大小，也就是说，要敏锐地发现并遵照社会需求导向，确保价值取向可以在工程完结之时将开发价值最大化。除此之外，信息资源开发的选题更应该看重长远，让开发成果生命力更强，在社会发展过程中产生的效益更大，才会使其中动用的人力、经费、设备产生最大的价值，而不至产生之时因没有社会价值而被掩盖。

（三）完善开发路径

档案信息资源开发需要完善开发路径，将生态开发观念引入档案信息资源开发全过程中，使社会需求与档案开发过程协同发展。生态发展本就是科学发展观的重要方面，在档案信息资源开发实践活动中，融入生态开发观是顺应自然发展规律与社会发展规律的必然选择与结果，也是促进、实现信息社会与经济社会协调发展的优选之路。生态开发的要素包括资源保障系统、人力与技术支撑系统、社会支持系统，在定性、定量、定位紧密结合的基础上，深层次认知生态规划进程与社会需求发展的适应性、匹配性，正确把握未来的发展目标，做出科学的档案信息资源开发决策与实践。生态开发还可以诠释为一种"中庸"智慧之道，具体表现为既不一味按照档案开发人员的主观意识单项地进行档案信息资源开发，不兼顾社会需求，开发出大量冗余的、没有现实意义和价值的开发成果；又不畏首畏尾，不敢开始开发工作。因此，生态开发理念的引入可以使档案信息资源开发始终保持在科学的、合理的、可持续的开发循环机制之中，处于与社会需求相匹配的动态开发规划之中，在开发中发展，在发展中调整，始终遵循自然和社会的发展规律，实现与生态智慧的高度融合。

1. 构建档案信息资源生态开发体系

在当下知识为王的社会背景下，社会对档案信息的需求不再停留在单一的原始记录信息层面，而是发展到深层次、更有针对性的档案知识层面上。我们缺的不是档案信息，而是档案原始信息所发展出来的档案知识。我国的档案信息资源是被选择的，历史也是被选择的，只有结果性的档案信息资源，缺少过程性的档案信息资源，然而正确的档案信息保存应当记录从过程到结果的相关档案。将生态理论引入档案信息资源开发的全过程中，可以使档案信息资源开发更具有科学性、可持续性。从信息生态的角度来看有利于将档案信息资源开发置于一个动态的、可合理调控的开发过程中，最终实现档案信息资源开发的可持续性、科学性发展。生态文明的基本原理涉及生态学、系统科学、自然科学、经济学等多个学科，生态学在基本原理中居第一位。每一个系统若想长久稳定地存在，就必须遵照生态价值观的引导，才可以使系统环境保持平衡，使系统合乎科学地完整与稳定。

（1）推进档案开发方式生态化

将生态学的价值观念引入到档案信息资源开发实践中，在档案学中植入生态开发理念是生态文明建设中的和谐之举。档案信息资源与社会信息同属于信息资源的范畴，基于信息生态学的原理，档案信息又包含于社会信息之中，档案信息资源的开发必定会对社会信息环境产生影响，而档案开发实践的优劣就对社会信息环境产生不同的影响。摒弃目标不明确的馆际之间重复性的开发，避免产生冗余的社会信息，从而避免劳动力、技术、资金的浪费，同时保证开发内容的安全性。所以，以生态开发价值观来进行档案信息资源开发是档案工作需要谨慎规划的重要环节之一。建立档案信息资源开发的生态发展模型，从全面规划、价值取向、实践路径及管理绩效四个方面完善档案信息资源开发实践。从生态开发的角度去思考影响档案信息资源开发的深层因素，将平衡、效率、可持续这三种驱动力增添到档案信息资源开发的对策研究之中，构建与完善档案信息资源开发体系，从而提升档案信息资源在整个社会公共服务体系中的竞争力。

因此，推进档案信息资源开发方式生态化首先要确保开发主体具备强大的开发能动性，且具有前瞻性开发意识，要从根本上转变传统简单的开发观念，要关心社会、心怀社会公众，培养主动寻求、激活社会需求的开发意识；同时要不断加强自身在多领域的理论研究与实践探索，及时关注社会发展动态，提高开发方向的预见能力。其次，就是要确保开发环境和谐稳定。一是要确保硬件设施完整到位，完备的基础设施是实现档案信息资源有效开发的基础，齐全的基础设施可以保障开发效率，减少档案开发工作出现的失误，规避计划之外的风险。二是要确保开发的软件平台功能完善，良好的软件开发以及先进的网络技术是打通开发工程之路的重要保障，也是保障开发成果得到共享、实现价值的关键要素。三是要深化档案信息资源开发的政策保障环境。良好的法规、制度环境保障有益于加强档案信息资源面向社会开发的工作力度以及影响力，使开发全过程得到最有力的现实保障。

（2）促进生态理念与档案开发的融合

生态理念关于世界整体论的预设，比机械论的纯机械预设有更大的客观性和优越性。生态开发价值观拒绝区分主要与次要，不强调以什么为中心。生态价值观认为，事物之间的相互作用和联系，比他们之间的相互区别更重要。信息生态是区别于自然生态的一种生态观，与自然生态具有不同的属性。将生态价值观科学应用到档案信息资源生态开发中，是档案信息资源开发进入良性循环的有力保障之一。档案信息资源属社会信息资源至关重要的一部分，档案信息开发工作的成果与效益直接或间接影响社会信息环境的生态。信息时代中，人类生活工作中所产生的信息每一天都令人应接不暇，对信息及时地接收、处理、分类、使用等环节成为人类孜孜不倦的追求目标。若将档案开发与社会信息环境同步融入一种生态友好环境之中，可以达到档案信息资源开发与信息环境的协调互动与发展，确立档案开发与社会信息环境和谐互动的生态价值观。生态开发的价值观还会促进档案开发思维进行转换，使档案开发工作长期处于一种温和平稳的开发环境之中。档案开发工作实践性的强弱、内容的深浅、时间的长短、效益的大小，都应该控制在生态开发可持续的环境之中，不应超过开发环境最适应的承受能力，也不应停滞不前，将档案开发工作视为可有可无，或止步于开发之中，对存在的困难不寻求合作解决。

（3）保障档案生态开发可持续进行

生态开发价值观是档案信息资源可持续开发的保证。生态开发价值观将生态开发要素稳定在平衡的开发环境之中，保障档案信息资源、开发者、社会需求、开发环境各个要素都在要求的范围内起作用，按照温和的循环方式完成档案开发，处理好当前档案开发与长远发展的关系。生态开发价值观影响着开发诸要素的协同性、系统性、完整性，规定档案信息资源开发的发展方向，为档案信息资源开发提供了新的开发框架。

生态开发价值观是与时俱进的档案精神的塑造。人们在改造世界的时候，其主观精神世界也得到改造。社会精神的提升和精神文化的发展，有效促进了精神文明的出现。与时俱进的精神观念是支撑人与世界和谐发展的重要根基，档案学亘古神圣的职责与现代社会需求的多样促使档案学更好地发展。生态开发价值观注定会对档案学人的思维方式的变革、道德观念上的变化、科学的发展方式产生深刻影响，有力地提升保障档案工作前进的职业精神，为档案信息资源的有效开发起到极为重要的促进作用。

生态开发价值观是愈加完善的档案学理论的体现。生态开发价值观的形成对档案学理论的完善与发展意义重大，有益于档案开发实践更规范地实施，于档案学理论中也是一种进步。因为生态开发观摆脱了"师出无名"的开发，顺应社会需求规律，以寻求档案开发与社会信息之间长期稳定的关系为目标。我们只有从多维的视角去看待、去把握，才有可能更深刻地将生态开发价值观和谐地融入档案学理论中。

2. 优化档案信息资源开发环境

优化档案信息资源开发环境需要遵循统筹原则、优势原则、慎重原则、效益原则等开发原则，兼顾现实效益与长远效益，考虑长期的文化和社会效益，立足现在，把握当下和将来的需求。

（1）优化馆藏，丰富开发内容

馆藏是档案进行有效开发的基础，其内容、数量应和社会需求的方向相匹配、相适应，如此才可以保证档案信息资源的各项开发成果最后具有社会信息价值。首先对档案的进馆界限要进行集中、统一、明确的划定，对不同级别不同类型的综合档案馆室、专业档案馆室进行档案进馆范围的划定，突出不同馆际之间的馆藏特色与重点，使其避免陷入各自为政的状态。确定进馆界限同时可以促使档案馆的合理布局，使各档案馆的档案更加完整。

其次，馆藏的收集应该以完整、真实、全面为质量标准，保证档案所有相关资料一并进馆，不应残缺或遗漏，保证档案的原始面貌。尤其是专业档案馆，某些涉及党和国家的机密，在开发和利用时，必须严格按照规定的制度进行。有些档案内容与国家建设、科学研究、社会生活息息相关，应积极地开发利用。

因此，档案信息资源开发对于馆藏内容要求更加广泛，所以需要更新观念、增强开放意识，处理好收藏与开放的关系，更好地为经济建设、科学研究、技术开发和市场竞争服务。

（2）馆际合作，深化协同联动

馆际合作开发模式又称作联合开发模式，是指档案机构与非档案机构相互合作进行的档案信息资源开发。社会其他机构如博物馆、历史馆等，往往具有与档案工作者不同的选题视角，双方的共同合作有益于对档案信息资源的深层开发，也有益于开发成果具备创新性。信息产业的特点是纵横联系极为密切，涉及的范围也比较广。档案信息资源需要信息部门的合作支持，融合多项技术资源、人工资源以及信息资源，达到较高的专业化合作水平，增强信任、促进竞争。让开发模式多样化，以社会需求为导向，公益开发和商业开发并举，独立自主开发和合作开发相结合，走联合开发、规模发展的道路，避免重复开发，效率低下。同时，在相应制度与政策的鼓励下，档案馆应及时主动地与社会机构加强联系，使得档案开发模式更加多样化，开发成果更加丰富多彩。

（3）人才支撑，强化技术保证

近几十年来，信息技术的迅速发展和大范围地使用，对国家社会经济、政治、文化领域的变革有着深刻影响。现代信息技术是指在计算机和通信技术以及网络技术支撑下完成的各种信息的收集、获取、加工、传递以及使用的各项技术。现代信息技术提高了人类对于信息的接收和处理能力，延伸了人类社会的交流空间，改变着传统的社会结构。但若是没有相关软硬件信息设备的支持，档案信息资源开发工作必然是低效的。我们也无法想象现在的任何一个档案馆脱离信息技术，单纯地进行手工开发的画面。档案行业也受到影响，档案开发工作的进行需要在变革之中寻求稳定且健康的发展之路。因此，在制定档案开发战略时，必须从整体上制定技术和基础设施的实施标准。档案人员是开发的主体，是档案开发工程的原动力之一，其重要性不亚于档案信息资源。从档案人员的角度来看，过去传统的档案信息资源开发模式已经不再适应新的开发形势，档案信息资源的开发注重的角度是开发成果与社会信息需求水平对等，只有掌握社会公众用户的需求，才可使得档案信息实现其价值。档案人员的知识水平、技术操作、开发观念等在各个环节中都影响着开发进程的完整性与正确性。档案人员不仅需要遵循历史唯物主义等开发原则，在掌握有关政策界限、深入分析史料价值等方面更加需要有丰富的思维能力。档案人员建立各种类型的档案信息数据库，编制各种便于用户查询的检索工具，利用数据挖掘等技术，实现档案信息资源的高级开发利用。因此，复合型高素质人才是促使档案信息资源开发顺利推行的必要条件之一。

3. 深化档案信息资源开发要素

（1）开发过程标准化

将档案信息资源开发标准化，可以提高工作效率和质量，便于科学化、现代化管理，有利于专业化的协作和减少浪费与盲从。信息管理活动本就是一个是由许多个相关有序的环节组成的过程。档案信息资源开发是信息资源管理活动中一个特殊的专门化过程，将其标准化就是将开发过程的管理活动标准化。管理标准是对标准化的活动中需要统一协调的管理事项所制定的标准，对管理目标、管理项目、管理程序和管理组织所制定的一系列相应规定。档案开发标准化过程可以细分为：需求调查、评定需求、确定需求、确定主题、拟定项目、确定项目、贯彻准备、开发实施、标准化检查、审核评定、提供利用、利用反馈。将开发过程投入标准化内容，严谨遵守要求，才会使每一次开发减少冗余过程、增加有效性，使得开发成果有成为精英文化成果的可能性，不至于浪费时间与人力。

（2）开发内容社会化

如果说档案信息资源开发过程是涉及管理领域的一项活动，那么开发内容主题的确定以及开发成果的形成就是涉及档案宣传文化的一个环节。档案信息资源开发是面向社会大众的实践活动，隐含之意是其应当具备大众文化的标准化、当下性和适应性，需要被更大规模地使用。但是，一种学术如果失去了本身的精神价值与文化观念的追求，那么它所推出的所有文化成果产生的影响都只是暂时的，影响力也是微乎其微的。一旦学术文化精神价值追求凝聚起来，其学术价值才会真正增加，具备强大的社会影响力，从而实现其社会存在价值。所以，开发内容的社会化，不可以单单理解为全部适应零散的、片面的社会需求的开发，更需要揉进精英态度，以更全面、更完整、更深层次的开发态度来确定开发的档案内容，延长开发内容的时效，提高开发成果的社会价值。

（3）开发成果高效优质化

传统的档案开发工作往往存在"高投入、低效益"的弊端，在市场主体多元化的时代，档案信息资源开发工作也应该汲取其他领域的先进工作经验，创造高效优质化的工作成果。档案信息资源开发成果的高效优质化体现了档案信息资源开发工作的专业取向。其中高效指开发成果在社会利用过程中的高效益与高效率；优质化是指开发成果取得了良好的社会满意度，高质量满足社会信息需求。丰富的档案原始信息资源、高素质开发人力、完备的开发基础设施，档案信息资源开发应集中所有可以利用的优势资源，采用便捷有效的开发方式来保证开发质量与效率，确保开发工程按时完成且开发成果令用户满意。

（四）健全开发保障机制

保障机制一般是指外在环境为促进某一事物发展所提供的呈现交互动态的有限支撑和支持条件。适合并促进档案信息资源开发的支持条件主要涉及制度保障、政策保障、人员保障、经费保障等。在这里从这四个方面研究面向社会需求的档案信息资源开发所需的保障条件。

1. 制度保障

制度是任何行业为达到规范化运作所应遵照的行动准则。完整的制度保障有利于实现行业工作的规范化、标准化，有利于提高新兴行业在社会网中的适应性，也有利于提升行业在社会中的生存竞争力，同时有利于调动组织内部人员的工作积极性。有效的制度需要具备极强的现实可操作性，不能只存在于纸质的规章制度上。所以，建立可操作性强的制度，需要紧密结合行业内部不同层面需要的支撑。因此，制度具有全面性、可操作性、专业针对性等特点。

建立档案信息资源开发制度保障，要对信息资源开发的全过程进行全面的探究，确保制度保障落实到每一个环节上，及时更新需要加强的制度款项。因此，制度应具备全面性。建立档案信息资源开发制度保障，要以开发的工作环境和社会环境为基础，确保制度不极端，不是可望而不可即的，而是具有严格的实际操作性，可执行性强。因此，制度应具有可操作性。建立档案信息资源开发制度保障，要具备极强的专业指导素养，在开发全过程中承担首要的专业性指导责任，有着极大的开发导向作用，使整个开发活动不至于出现较大的工程偏差，以保证工程效率。因此，制度应具有专业针对性。

2. 政策保障

档案信息资源开发政策法规是指由国家机关、行业组织等权威机构制定的保障和规范档案信息资源面向社会开发需求的各项条例、规定、办法和准则等。我国因尚缺乏健全的保障政策，并不利于档案信息资源的开发。应加强档案信息资源开发的政策法规建设，做到有法可依有章可循，这是档案信息资源顺利完成每项开发工程的扎实基础和现实条件。档案信息资源开发政策法规保障的内容应满足以下要求：结合档案信息资源开发某地区的实际工作环境以及生态开发的各项本质要求，确保符合当地实际档案发展逻辑要求和科学步骤，从而有组织、有针对性地制定相应政策法规；要基于保障促进面向社会需求开发的过程不断趋于良好发展这一宗旨，在面向社会需求的档案信息资源开发的实践中不断更新政策法规，因地制宜，突出重点，加以完善，最终消除档案开发过程中不必要的风险。

3. 人才保障

人才是实现民族振兴、赢得国际竞争主动的战略资源。人才对于一个行业亦是如此。人是生产力中最活跃的因素。档案信息资源开发工作作为一项面向社会的、专业性的社会服务，高素质、综合型的人才处在其迫切需求之列。档案信息资源的人员保障是指为保证档案信息资源的顺利开发提供主要的人力资源条件。档案信息资源人员建设的保障主要体现在以下几个方面：对人员的录用进行严格的规范把关。其表现在实际环境中就是档案职业资格认证制度的确立。目前我国从事档案行业的人员学历层次混乱，没有统一标准，不利于档案行业的可持续性发展。因此，建立有效的管理机制和管理标准，加强档案职业资格证书的制度建设，规定档案从业人员持证上岗，强化档案专业队伍，改变知识结构、学历和提高整体从业素质，提高档案职业的形象和地位，保障档案服务行业的社会认可度，确保档案信息资源开发的社会价值因人才的合理配置发挥出最大的社会价值和效益十分重要。建设综合型人才队伍。档案信息资源的开发需要综合型的人员来保障开发的各个环节完美衔接。综合型人员队伍应具备丰富的档案社会服务工作经验，了解社会档案需求，并且具有较高端的管理学背景以及扎实的计算机专业能力，以便适应复杂、综合化的开发工作。其次，要完善档案人员职业培训。培训是提高工作人员能力最直接有效的方式。当前社会发展速度快，知识更新快，档案行业要实现自身的更新，必须提供对档案工作人员的职业培训，并且保证培训制度化、系统化，培训设计科学化、规范化，培训形式丰富化、多样化，培训效果评估要实现制度化。

4. 经费保障

经费是保障面向社会需求的档案信息资源开发工程顺利进行的必要条件之一。合理的经费可以完善必要的基础设施，改善开发硬件环境。高质量的设备有利于提高开发工程的安全性，提高开发效率；合理的经费还可以保障优秀人才的引入，值得注意的是，高素质的专业化档案人才是保证开发工作正常运作的重要条件之一；合理的经费还是调控开发进度与风险的保障之一，能够使档案开发工程不会因细微的风险问题而捉襟见肘，保障开发环境的正常、有效的运转。

第二章 档案管理创新探索

本章主要内容为档案管理创新探索，分为档案信息服务升级、档案信息化建设与档案管理、档案管理工作者创新研究三个方面。只有不断创新档案管理，档案管理工作才能够更好地满足档案用户的需求，进而提升档案用户服务满意度。

第一节 档案信息服务升级

档案管理工作是一份服务性比较强的工作。档案管理部门应当为社会提供优质的档案信息服务，让档案工作不断深入社会发展中。

一、档案信息服务概况

（一）档案信息服务的概念

档案信息服务指的是档案管理部门利用自身优势和档案的数据属性，为个人、组织等提供数据资源支持，以满足个人、组织的发展需要，同时为解决社会发展问题提供历史经验。大数据与档案资源的结合指的是在档案信息服务过程中，充分利用云计算和大数据技术，从各种类型的档案信息中，快速获得有价值的信息，实现迅速、优化、系统、科学的档案管理模式。

（二）档案信息服务的特点

1. 档案信息服务的智能化

档案信息服务中，现代化数据处理手段使档案管理工作人员可以更加便捷地对档案进行整理、分类、归档，使工作程序更加简单、有序。另外，档案工作人员将各种不同的档案信息通过数据化、电子化处理之后按照一定的规则组成档案资源库，并通过互联网技术将资源库存储在档案云，从而使档案资源的存储更加有条理性。现代数据处理技术的应用，减少了人工查找档案资源的时间，降低了纸质档案的使用频率。同时，在云计算、大数据技术的支持下，用户能够以最快的方式找到自己想要的档案信息，并且能够根据自己的档案使用记录分析自己的档案使用需求。总之，各种新技术的应用使档案信息服务更加现代化、智能化。

2. 档案信息服务的高效化

在现代数据处理技术引入档案信息服务之前，人们使用档案信息时需要在档案库房中一排排的档案柜和档案架中寻找有用的信息，这种工作方式不但效率低、工作量大，而且易造成人力、物力资源的浪费，影响档案资源的使用效率。大数据时代，传统的人工查找方式远不能满足人们快节奏的生活、学习方式，因此，档案管理部门应当加强档案智能化系统的建设，以确保能够满足人们日益增长的档案知识需求。在档案管理中通过引入大数据、云计算等新技术，人们只需要在法律规定的范围内，利用网络终端进行检索就可以得到自己想要的信息，而且还可以将所获得的信息加以利用，这种网络化、智能化的档案信息服务方式，使档案信息服务更加便捷、高效，也易于让人们接受。

3. 档案信息服务范围的社会化

在大数据背景下的档案信息服务，只有得到用户的一致认可，服务的效果才能得到最大限度的展现。档案机构的中心工作是提供服务利用，因此在提供方面，档案机构一直坚持以社会公众需求为导向，坚持以优质的服务质量和高效的服务效率，以较低的服务成本，最大限度地满足社会公众的需求。网络环境时代，由于网络资源和网络技术的发展，社会公众查询和利用档案的方式变得更加便捷，并且随着大众的档案意识日益增长，档案机构的用户范围越来越广，各种网络范围、用户层次、地域单位都能共同利用档案信息资源，逐渐呈现出"社会化"趋势。

二、开展档案信息服务的基础

（一）档案管理人员及利用者素质

档案信息服务是一项专业性比较强的工作，需要丰富的专业知识。档案信息服务人员需要具备与职位相匹配的专业知识，并且要不断学习才能做到与时俱进。因此，档案管理部门要加强档案信息服务人员以及档案利用者的培训工作。一方面，要着重培养一批懂专业、懂网络、懂技术的综合型人才，这样不但能为档案信息的数字化发展提供强有力的人才保障，而且能够激发其他人员学习知识、技能的热情，增强服务人员的竞争意识。同时，档案管理不仅应当在人事管理上引入竞争机制，还应从不同方面激励档案人员提高自身综合素质。另一方面，当前有很多档案资源利用者仅使用自己习惯的电子终端来利用档案资源，缺少使用其他终端利用档案信息的能力，因此，要增强档案资源利用者使用多终端利用档案资源的能力，避免因缺少设备导致资源利用不充分的情况出现，切实提高档案资源利用者的信息抓取能力。

（二）重视馆藏资源数据库建设

当前社会已经步入智能化时代，档案馆的数字化建设是新的社会环境下档案管理发展的必然趋势，也是档案管理发展的核心问题。档案的数据价值要求必须有与之相适应的数据库，这样才能在智能化时代充分展示数据的重要性。同时，档案资源的数据化建设也为人们分析数据价值提供了良好的外部条件。通过档案资源数据库，人们可以使用云计算、大数据技术对档案信息分析、研究，从中提取有价值的信息，然后对有价值的信息进行编研以满足不同社会群体对档案资源的不同需求。

（三）网络及档案信息安全

互联网在为人们带来便捷的同时也存在着一定的网络安全隐患。网络安全是档案信息资源数字化建设的基础，没有安全的网络环境，档案信息资源就很难保证真实性，很容易被不法分子利用，产生档案信息被盗、被篡改等方面的风险。因此，档案管理部门应当建立安全稳定的网络环境，加大网络安全建设的投入力度，可以在网络安全建设中使用数字签名技术、防火墙技术等，同时要规范网络操作行为规范，严格限制网络操作权限，保证档案信息资源库在网络环境中能够有效运行。

三、服务方式与服务内容的扩展

任何一项档案信息服务活动都是服务内容与服务方式的有机结合，一定的档案信息服务产品必须通过一定的方式表现出来，才能满足利用者的需要，最终实现信息服务的价值。网络技术的发展势必会加快档案数字化进程以及档案馆之间合作与资源共享的脚步，档案馆信息服务的内容和方式也势必得到更大的拓展。

（一）网上档案信息检索服务

现阶段，网络技术应用越发普及，在网络环境下，利用者若要寻求所需档案信息，首先需要找到一套快捷有效、准确的检索系统。检索工具编制得越科学，对档案信息资源的揭示就越全面。档案馆应当建立一个科学系统、结构合理、多途径的档案信息检索网络系统，从而更加方便快捷地为利用者提供全方位、高质量的信息检索查询服务。此外，利用者还可以通过档案馆网页的相关数据库链接，查找并使用已经对外公开的档案信息，也可以检索未公开档案和现行文件的目录、内容摘要及发文机构等信息，从而节约查询时间，提高查阅效率。

（二）网络在线档案信息服务

网络环境下在线用户的数量急剧上升，并逐步成为利用档案信息资源的主体。档案馆的在线网页可以提供信息含量很高的服务内容，一方面利用者可以通过网页了解档案馆的基本介绍、管理机构的基本职能、部门设置、联系方式、通知公告、现行档案政策与法规、档案教育与学术前沿动态等信息；另一方面，网络环境加深了档案馆工作人员与利用者之间的互动环节。这种互动直接体现为在线咨询、在线解答、在线讨论三种服务方式。档案馆可建立 BBS 论坛或运用 Email、QQ 等聊天工具设立即时联络平台。这样利用者就能够随时随地将自己在接受信息服务过程中出现的问题与档案信息管理者进行沟通。

（三）个性化档案信息服务

任何事物发展到一定阶段都会产生新的变化。对于档案管理来说，传统、综合的信息服务发展到一定程度必然会产生个性化服务。个性化服务是档案基础信息服务的创新发展。个性化服务要求档案管理部门深入研究档案使用者的使用习惯、价值倾向、知识结构、生活兴趣等方面的信息，为档案资源利用者提供正确的使用引导。同时个性化服务也是满足档案资源使用者个性化需求的主要方式。个性化服务充分体现了以客户为中心的服务理念，能够与客户产生心理共鸣，提升客户的服务体验，同时可以提高客户对档案管理工作的满意度，使客户更加乐于使用档案资源。因此，档案管理部门要善于与客户沟通，挖掘客户的需求点，不断完善服务项目。

（四）档案信息知识服务

向用户提供知识服务是档案馆信息服务的最终目的。目前，档案资源利用不力的局面是由档案馆各自为政的资源建设模式，坐等用户上门的服务方式以及低层次的信息资源开发等诸多因素共同导致的，传统档案馆大多以自身馆藏资源为导向，满足用户基本需要尚且困难，更无暇关注信息时代人们多变的知识需求。因此，档案馆需要"随需应变"，在馆藏资源建设的基础上积极推进馆际合作，最大限度实现资源共享，拓展档案服务内容；在服务方式上应变文献传递为知识管理和信息服务，提高信息的组织与加工水平，重视开发二次、三次文献，提供浓缩化的数字信息产品，注重知识服务的质量与内涵，实现信息的增值，不断满足用户的知识需求。相比于传统的档案信息服务，网络环境下的档案信息服务拥有不同的文献载体、工作手段与服务方式，具有独特的优势和受众群体。尽管传统的档案信息服务方式短期之内不会消亡，但网络环境将逐步成为档案信息服务的主要形式，档案信息服务的内容与方式也必将随之得到更广泛的发展，做好数字档案馆建设和档案信息网络服务是档案事业发展的趋势和必然要求。

四、档案信息服务存在的问题

（一）缺少信息化档案服务的意识

档案管理要想顺应社会的发展，紧跟时代的步伐，就必须引入市场机制，增强档案服务人员的服务意识。但是，目前还有很多工作人员停留在传统观念中，没有及时转变思想，尚未意识到服务工作的重要性。另外，还有很多档案管理部门没有对档案的信息化建设加以重视，依然采用传统的纸质档案，档案数字化、电子化建设速度缓慢，甚至出现搁置的情况。在档案收藏方面，有的档案馆没有主动搜集档案的意识，档案收藏比较少，无法满足社会的需求。在相当长的一段时间内，我国对档案馆的建设缺少重视，主要依靠政治来领导档案馆的工作，造成档案管理观念老旧，这在一定程度上对档案资源的信息化建设和档案服务人员观念的转变造成了一定的负面影响。新形势的档案管理部门应当及时转变思想意识，全方位审视档案服务意识的不足，积极创造档案管理工作人员服务意识提高的动力，强化档案搜集的观念，以实际行动带领档案事业健康、有序发展。

（二）传统档案信息服务内容单一

传统档案信息服务以纸质档案的提供为主，主要包括档案借阅服务、档案外借、制发档案复制本等，内容单一，大大限制了视频、音频、影像等多媒体信息的利用以及综合开发利用。而大数据时代，档案馆藏数量巨大，既有传统纸质档案，又有电子档案信息，一切数据和记录几乎都归入大数据范畴，档案资源更丰富，类型更多样。而且人们更加追求对档案数据的整体分析，找到它们之间的联系，而不是零散数据的利用。所以，大数据环境下，不仅要开展档案信息服务，更要创新档案信息服务。

（三）传统档案信息服务手段落后

传统档案信息服务一般不借助计算机，以人工处理为主。手工式操作让整个服务过程烦锁复杂，且档案原件在长期利用中受各种因素的制约容易出现磨损，影响后期利用。因此，档案管理部门必须改变档案信息服务形式，充分借助互联网技术提高档案信息服务质量，不断加强档案数字化、信息化建设，改变传统的人工操作模式，运用大数据对档案信息进行实时更新。

（四）档案服务工作的信息化程度较低

伴随着信息化时代的到来，越来越多的信息化档案馆得以建立，我国也开始重视数字化档案服务的运用和管理，而这已经也是信息化社会中档案服务工作的发展趋势。因为忽视了信息化档案服务的作用和建设，所以我国档案服务信息化建设程度较低。虽然也进行了档案服务的信息化建设，但是其主要形式还是对于计算机技术中的计算和对于数据的统计功能的运用，没有充分发挥计算机技术，信息化网络平台建设得不全面，忽视档案服务软件的建设和利用等因素造成了我国档案服务信息化建设工作进展较慢。

（五）相关设备和管理制度不完善

从当前形势来看，建设先进的信息化档案服务工作就要不断地完善信息化档案服务管理设备以及相关的管理制度。现阶段我国信息化档案管理服务工作没有完善的设备和管理制度，所以我国的档案信息服务管理工作发展受到很大的限制。第一，当前一些档案服务设施无论是基础的计算机设备还是与之匹配的软件设施，都有着明显落后的现象和设备不足现象的存在，这些问题严重阻碍了档案服务工作信息化建设进程；第二，当前没有一个统一的档案信息搜集和管理制度，对档案服务管理造成了不便。

五、档案信息服务升级的可能性

（一）档案领域具备现实的发展环境

随着智能化时代的到来，国家开始逐渐重视档案管理工作以及档案管理的智能化发展。人们在网络时代进行各种社会活动时会产生海量的数据信息，不仅包括党政机关的文件信息，还包括其他组织、个人的活动记录等。在档案资源数据化、电子化的建设过程中，档案管理部门应丰富档案资源的表现形式，大力推进档案资源的创新发展。互联网时代，人们的需求是多样、个性的，互联网、大数据技术基础为档案管理工作的创新发展提供了有利的社会环境。档案管理部门要抓住时代发展的机遇，紧跟时代发展的变化，扩大档案资源的搜集范围，满足不同用户的需求。

（二）馆藏档案具备典型的数据特性

第一，馆藏档案数据体量巨大，类型多样。实体档案馆和数字档案馆的数据资源都极为丰富，既有传统纸质档案，又有档案馆搜索引擎、BBS 论坛类、电子邮件类、网络电话、视频会议、档案网站等半结构化和非结构化的信息等。相应地，档案馆的存储介质也越来越多样化，磁盘、光盘、云盘、移动硬盘等的出现让档案信息存储密度更高，集成性更强，更加符合大数据的"4V+1C"的特点，为档案馆开展档案信息服务奠定了基础。

第二，馆藏档案数据易于处理。现阶段馆藏档案数据的分析已由传统的人工分析转变为以网络分析和数据分析为主，档案工作者一敲一点之间，只需要几秒钟的时间就能实现对馆藏数据的简单统计。更多新技术的出现让信息生产和加工的成本逐步下降，处理更加简单，使以前只有少数管理阶层才能进行的加工活动增加了更多参与者。

第三，馆藏档案数据价值巨大，密度很低。档案是历史留给我们的社会记忆，具有其他材料不具有的价值，同时其价值还有大小之分。馆藏档案数据量的多少并不代表数据价值量的大小。相反，很多时候数据量的庞大反而意味着数据垃圾的泛滥。档案数据的集成过程如果只是简单地将所有数据聚集在一起，不进行任何数据筛选、清理等操作，将会产生很多没有价值的数据，降低档案价值密度。因此，档案数据量的大小与档案数据价值并不一定成正比。

六、档案信息服务升级的方式

网络技术是档案资源和档案服务数据化、信息化建设的基础，有利于档案资源更好地服务于社会发展。档案管理部门应当在对档案资源进行信息化建设的同时，加强档案文化的宣传，创新档案资源共享模式，实现档案资源的社会价值。

（一）重视信息资源平台构建

档案资源之所以能够引起人们的重视，是因为档案资源蕴含着大量的数据。将档案数据转变成有价值的信息是档案资源信息化建设的目标之一。首先，档案管理部门要严格执行档案主管部门制定的规章制度，在加快原有档案数字化建设的同时，严格要求新进档案的电子化，制定完善的档案电子化流程，保证电子档案搜集工作的稳定、有序。其次，加快、加强档案资源数据库建设，提高档案资源的使用效率，使档案资源利用不再受时间和空间的限制，实现档案资源多渠道、多终端共享。

（二）不断创新档案服务形式

在网络高度发达的现代社会，档案服务机构可以利用新兴的网络社交软件进行服务形式的创新，如构建档案服务网络平台、档案服务微信公众号、专门的微博等，通过这样的线上方式为广大用户群体提供线上档案服务，这样的线上服务已经成为当前档案服务工作发展的必然趋势。档案管理部门要及时地在相关的网络平台上完善档案信息，及时完善和更新档案部门中最新收录的档案内容。还应为网络平台用户提供自助服务，如"自助查询""信息检索"等，让广大用户实现线上档案查询。与此同时，还应该完善的用户对平台使用和平台服务的评价，以此来不断完善平台建设。以微博为例，微博实名制用户使每人都只能有一个账号，档案服务也应该建设一个独一无二的平台为本平台用户提供个性化服务，通过互联网等形式为用户提供多种形式的档案信息形式，如图片、视频等，充分满足用户需求，提高档案服务质量。

（三）发展档案文化产品

我国国家档案局局长杨冬曾经说过："档案服务的工作人员在当前的新形势之下，应该主动做出改变，不断地增加档案服务的宽度和深度。与此同时，还要对于当前的文化环境进行合理利用，让档案文化产品逐渐成为精品，并且还要不断利用各式各样的文化传播方式和形式，让档案服务的服务面积不断扩大。"在这样的时代环境影响之下，档案管理工作机构所创造的档案文化产品的社会和经济价值就变得异常重要。经典档案产品的内容有很多种，如档案编纂研读读物、档案展览、画集、影像等。随着网络信息技术的发展，档案产品的种类也不断得到丰富，如档案电视节目和电影等。由北京电视台录制的《档案》就是由讲述者在节目现场进行描述，使用节目组提供的道具对历史事件进行还原，让观众了解档案当中所发生的事情原委，尽最大的努力为观众还原一个真实的历史档案；信阳电视台和城建档案馆共同拍摄的《信阳故事》电视节目，根据城建档案馆为电视台提供的节目所需要的文化档案资料，不仅通过电视节目对档案进行了宣传，还在最大的程度上让档案的文化价值得到发挥，让电视观众对信阳的历史有了一个更加深刻的了解。在当前的信息化网络社会当中，将网络媒体等形式作为载体，进行档案文化产品的开发，是当前档案部门发挥档案社会价值和经济效益的重要方式之一，同时也是扩大宣传和吸引人才的主要方式之一。档案文化产品的开发利用，不仅能够让档案中蕴含的历史文化资源得到开发，还能够让这些文化实现实体化展示。

（四）强化档案信息服务功能

1. 创新服务观念，加大宣传力度

档案工作一直默默无闻，要创新观念，不仅要靠自强不息、艰苦奋斗、创造业绩赢得应有的地位，还要善于抓住时机，汇报工作，反映问题，提出建议，争取领导重视和有关方面支持，并且要加大宣传力度。档案工作者要转变角色，更新形象，要站在推进事业发展的高度，加强档案宣传工作，提高全社会对档案工作的认知度，营造档案事业发展的良好环境。

2. 创新服务思路和服务体制

（1）拓展接收档案范围，把涉及民生工作的档案接收进馆。各级档案部门应在社保档案、信用档案、社区档案、家庭档案、农业农村档案、民营企业档案等方面积极探索，保障和改善民生档案工作。各级综合档案馆多年来一直单纯接收党政机关文书档案，以朝阳市档案馆为例，在2002年以前，馆藏档案几乎全是现行或撤并党政机关的文书档案，2003年以来，朝阳市委市政府根据国家、省有关精神，结合本市工业企业发展实际，开始在全市率先开展大规范的国有企业改革，朝阳市档案馆开始接收破产改制企业档案进馆。为了保证企业改制工作，规范改制企业档案管理，朝阳市档案局下发了《关于深化国有企业产权制度改革过程中加强档案管理工作的意见》，依据《档案法》对本市改制企业档案抢救式进馆收藏。在编制企业档案情况调查表中涵盖了文书档案、科技档案、财务档案、人事档案、声像档案等各种门类载体档案情况；档案库房、装具情况、档案整理、起止年度等具体内容，从中可以全面了解整个改制企业档案工作的基本特点和基本情况；要求改制企业认真清理档案，准确无误填报档案基本情况，以便改制企业和档案行政管理部门对企业档案有清晰的认识和全面的掌握；了解档案人员变动情况，确定档案的归属和流向，以确保档案齐全完整。在此期间该馆共收集、整理、鉴定改制前企业档案十几万卷，为改制后企业的生存发展和服务民生提供了可靠的依据。

朝阳市档案馆坚定"民生所想，就是档案工作之所向；民生所需，就是档案工作之所趋"的理念，积极创新民生档案利用机制，强化优质服务，挖掘馆藏资源，丰富民生档案服务方式，简化查阅档案手续，提供便民服务。在每年几千人的企业档案查档大军中，几乎每天都在上演着"档案服务人民，造福人民"的感人事迹。2019年前5个月，朝阳市档案馆已接待查阅档案2838人次，35553卷次，其中查阅涉及企业民生档案2725人次，35208卷次。自2003年以来，接待查阅破产企业档案的工作成朝阳市档案馆整个利用工作的一个新的项目，并渐渐成为接待利用工作的主体。

（2）加快档案信息化数字化进程。档案本身要信息化，档案管理方式要信息化，同时档案的收集、保管、使用和对外服务也要现代化，从而推动档案工作由劳动密集型向技术密集型转变，努力实现档案工作由传统向现代的跨越。要从发展战略上统筹规划，分阶段确定档案工作目标，运用有效载体，如开展档案事业发展综合评估、国家综合档案馆测评、评定示范基地、示范单位等。由于受资金、技术等所限，朝阳市档案馆馆藏档案的数字化信息化工作进程缓慢，特别是企业民生档案受多种因素限制，无法开展数字化工作。

（3）提高基层档案工作者素质，加快档案资源整合。基层档案工作者更换频繁，从源头上给档案工作以及档案资源建设带来不利的因素，大大地影响了档案资源建设的进程。因此，提高基层档案工作者的素质，加大档案教育培训指导力度是十分必要的。大力整合馆藏档案资源，抓紧做好档案整理编目、开放审查等基础工作，扩展档案接收门类，调整档案接收范围，改善馆藏档案结构，优化档案信息资源。对那些暂不具备进馆条件、利用率又高的档案，可先将档案目录接收进馆，实现目录共享。

（4）多举措、多样化的利用方式并行。要利用传统与现代两种方式为百姓提供最优质、最便捷的服务。可采用到档案馆现场查询、网上查询、信函查询、电话查询、利用触摸屏查询等多种方式。

（5）规范民生档案管理体系，加强源头管理。加强对民政、劳动、社保、卫生、教育、土地、房管、企业等涉民档案管理部门的档案业务的监督指导，规范民生档案管理工作，保证民生档案齐全、完整。重点加强涉民部门、企事业单位档案规范化管理工作的督促指导。

（6）建设高水平的档案服务体系。要建立名人档案、婚姻档案、公证档案、知青档案、土地房产档案等专门数据库，为社会提供信息查询服务，方便群众利用。

3. 多角度强化档案服务功能

（1）把握正确的服务方向。档案工作承担着"为党管档、为国守史、为民服务"的职责，具有鲜明的政治属性。这就要求我们必须牢记"档案工作姓党"，自觉增强"四个意识"，坚定"四个自信"，坚决维护党中央权威和集中统一领导，坚决贯彻党中央的各项决策部署，自觉在思想上、政治上、行动上同以习近平同志为核心的党中央保持高度一致，确保档案工作始终沿着正确政治方向前进。

（2）要着力抓好服务升级。首先，应该适应日益增长的查档需求，加快各门类档案整理著录、鉴定开放、数字化及信息共享等工作进度；其次，发挥档案工作的文化作用，加大力度制作优秀档案文化产品，弘扬中华优秀传统文化、革命文化和社会主义先进文化，引导人民群众树立正确的民族观、历史观、文化观、国家观，坚定中国特色社会主义文化自信；最后，适应精准扶贫、土地确权、信用体系建设、食品安全监管等领域建档立卡的需要，切实加强工作业务指导，发挥档案工作的支撑和保障作用。

（3）要着力抓住重要时间节点主动提供档案服务。例如，《档案法》颁布纪念日，"宪法日"等重要时间节间做好档案宣传，为相关部门的各项宣传工作提供档案服务。

第二节　档案信息化建设与档案管理

一、档案信息化

（一）信息化的定义

信息化，也就是人们通常所指的"现代信息技术应用"。我们也可以对信息化进行这样的理解，即促成其应用对象、应用领域转变的过程。举例而言，"企业信息化"除了包含在企业中所运用的信息技术之外，还包含通过对信息技术进行广泛深入的应用，所能够实现的业务模式转变、组织架构优化、经营策略提升。

当我们将"信息化"作为形容词使用时，通常用其形容某一对象或者某一领域因为深入应用信息技术，从而转变为某种新形态、新状态。例如，"信息化社会"一词指的就是应用信息技术达到某种程度后所形成的社会形态，不同于以往的社会形态，其具有的特征是只有通过充分运用现代信息技术才能产生的。

2006 年中共中央办公厅、国务院办公厅印发的《2006—2020 年国家信息化发展战略》提出，"信息化是充分利用信息技术，开发利用信息资源，促进信息交流和知识共享，提高经济增长质量，推动经济社会发展转型的历史进程"。[①]

在这里，信息化实际上是一种描述，指的是某个地理区域、某一经济体或者社会以信息为基础不断发展的程度，也可以说是其信息驱动力规模所达到或提升的程度。

（二）档案信息化的概念

了解信息化概念之后，我们再来理解何为"档案信息化"。档案信息化，指的是将现代信息技术全方位应用于档案管理活动中，处置、管理档案信息资源，助推档案管理现代化更快实现的进程。我们也可以这样理解，档案信息化是指，在对档案进行管理时，从以档案实体为重心转变成以档案信息为重心的过程。当然，这个过程会十分漫长，须长期进行。在此过程中，我们也要始终坚持对现代信息技术的应用，不断提升利用档案、管理档案的现代化水平。

（三）档案信息化的意义

其一，档案信息化对于档案馆工作效率以及现代化水平的提升都有着重要意义。很长一段时间来，我们主要通过手动操作管理实体档案、办理档案业务，这种方式或许在过去尚可行，如今该方式已经呈现出落后走势，不仅无法满足档案事业发展需求，也无法满足社会发展需要。因此，我们需要建立和建设数字档案信息资源体系，实现自动化、网络化的管理档案业务，从而使管理效率不断提升，使得现代化水平日益提高。

其二，档案信息化能够进一步拓展公共档案服务能力，使全社会能够共享档案信息资源。在档案馆工作改革过程中，我们始终要坚持一个主要方向，那就是公共档案服务能力的全面、深入拓展；同时，让全社会共享档案信息资源作为国家档案信息建设的根本目标。以计算机网络的信息传输途径为依凭，实现档案信息化，我们就能够将档案信息公共服务进一步延伸开放，使其覆盖范围更广。同时，人们在利用档案信息时，也不会再受到时间限制、空间制约。

其三，档案信息化能够进一步增加国家信息资源总量，提高国家信息资源质量以及优化国家信息资源结构。作为社会发展以及国民经济发展的基础性战略资

---

① 中华人民共和国中央人民政府 . 关于印发《2006—2020 年国家信息化发展战略》的通知 [R/OL]（2006−03−19）[2021−06−11].http：//www.gov.cn/gongbao/content/2006/content_315999.htm.

源，档案信息资源在国家信息资源中占据重要地位。各级各类档案馆发挥着不容忽视的作用，不仅是国家各类档案信息资源的集散地，同时也保管着各种电子文件。（其产生于电子政务）一方面，通过档案信息化建设，我们可以对档案馆中的那些传统载体档案进行转换，使其成为数字信息，从而将各类档案数据库建立起来；另一方面，我们可以及时地采集各类电子档案信息，对其进行整合与管理，建立数字档案资源库，从而进一步优化国家档案信息资源结构，提升相关管理水平和服务质量。

其四，档案信息化能够进一步提高各级政府在公共服务方面的能力与水平。各级政府应当对先进的信息技术进行充分应用，构建档案信息服务平台，确保其具有开放性、高效性和便捷性。同时，社会大众对档案有着自身的利用需求，各级政府应当以该需求为导向，对各类数字档案信息资源加以整合，将更为快捷、更为优质的档案信息服务提供给社会大众，进一步提升档案馆公共服务能力。

其五，档案信息化能够进一步促进社会主义文化的发展。通过对先进信息技术手段的应用，我们能够实现档案的有效保存，从而更好地对历史加以维护，对人类的社会记忆进行延续，对文化与文明予以传承，在更大范围内对中华文明进行传播，使得社会主义文化愈发繁荣、社会愈发和谐。在过去，当查阅者借阅档案时，有时会不慎对原件造成损毁，档案信息化就能够避免这种问题的产生。同时，通过档案信息化，网上的中文信息资源也会变得越来越丰富，使得我国对外文化交流进一步增强，有利于中华民族优秀文化的弘扬。

其六，人民群众对信息服务有着其自身的现实需求，档案信息化能够进一步满足这种需求。各级各类档案馆既能永久保存国家政务信息、公共信息，又能为人民群众提供档案信息服务。随着科技进一步发展，无论是人们对信息进行利用的思维还是方式都已经产生了改变，因此我们必须认识到，通过网络共享平台对档案信息资料进行查阅，能够实现档案利用率的切实提升，从而满足广大人民群众对档案信息服务的现实需求。

二、档案信息化建设

（一）档案信息化建设内容

1.档案信息化基础设施建设

想要实现档案信息化建设，需要有一定的物质基础，具体来说就是基础设施。无论是开发利用档案信息资源还是应用现代信息技术，都需要以基础设施为保障。

基础设施包含软件设施与硬件设施，其核心便是"信息网络"。想要建设档案信息化基础设施，首先要解决的问题就是对公共网络环境进行充分利用，以完成档案信息网络平台构建，使其符合特定要求。具体来说，这些基础设施主要包括如下内容：主机房，终端设备，网络平台，档案数字化设施、设备，服务器及存储备份设备，基础软件，音视频等其他硬件设施等。

2. 档案管理应用系统建设

档案管理应用系统，顾名思义，就是管理各类档案信息的系统，这一系统的内容为档案信息资源，目的为管理、共享档案资源，在构建时应以信息技术及有关软件设施、硬件设施为手段。对于档案信息资源管理而言，建设好档案管理应用系统能够为其提供坚实的技术层面保障；同时，对于档案信息化而言，档案管理应用系统的建设也在一定程度上影响其建设的速度与质量，是其建设成效的体现。

目前，档案管理应用系统主要包括各类档案管理软件，这些软件也都是根据不同应用环境开发出的，具有针对性。例如，基于政务网的文件档案数据库系统、基于互联网和政务网的档案网站、基于实体馆藏综合各种信息技术建立的数字档案馆等。这一应用系统具有丰富的功能，主要包括接收、保存、管理、利用档案功能，系统管理功能和身份认证功能等。

3. 档案信息资源建设

档案信息是国民经济和社会发展的战略资源之一，它的开发利用是档案信息化建设的核心内容，标志着档案信息化发展的水平，决定了档案信息化建设的成效。档案信息资源建设的具体任务有以下几项。

（1）建设档案目录数据库。档案目录就像一架桥梁，将档案信息资源链接向档案用户，因而在档案资源管理过程中，这也是必不可少的工具之一。这里我们重点介绍一下"档案机读目录"，它其实就是电子档案目录，由于目录录著对象有所不同，所以我们也对其进行分类，包括机读案卷目录、机读文件目录等。

（2）归档、管理电子文件。档案的前身就是"文件"。现如今，在形成文件中，电子文件（或者说数字形式的文件）所占的比重日益增大，可以预见，在未来，档案的主要来源将为"电子文件"。所以，我们必须进一步对电子文件的归档管理工作进行强化，制定并逐步完善电子文件归档管理规范，从而使电子文件顺利过渡为数字档案，实现二者的"无缝衔接"。

（3）实现传统载体档案数字化。这里说的"档案数字化"，指的是通过扫描、拍摄、采集等方式，对那些依托传统介质的纸质档案、缩微档案、声像档案进行转换，使其成为一种数字化数据。档案数字化是一项技术措施，能够解决传统档案信息不适应数字环境的问题；档案数字化也是一项阶段性工作，因为它需要解决大量的"存量档案"。由于当前办公自动化进一步发展，纸质文件等非数字文件将逐渐被电子文件所取代，因而档案数字化的任务也会逐渐减轻。

4. 档案信息化标准规范建设

信息化建设的重要保障之一是制定与执行完善的法规与标准。有关档案信息化的法规与标准需要对档案信息化建设的所有方面予以涵盖，不能出现遗漏。其所涉及的主要有两个方面，其一为归档电子文件、管理数字档案过程中的各个环节；其二为档案信息化标准体系建设以及档案信息化法制建设。

5. 档案信息安全保障体系建设

与我们日常工作、生活中所接触到的一般信息不同，档案信息是对社会活动的历史过程加以记录。因此，档案中会有一部分内容涉及敏感信息，这些信息都具有保密性和利用限制性。倘若这些信息被泄露出去，或者被人非法利用，那么国家的安全势必会遭受威胁，人民群众的利益也必将受到损害，社会的稳定、和谐也会受到影响。所以，我们必须建立安全保障体系，对档案信息的利用进行更为严格的管理。

6. 档案信息化人才队伍建设

想要使档案信息化建设获得成功，取得成效，我们就要充分发挥"人才"的作用。一方面，我们要对信息化人才的培养加以重视；另一方面，也要对档案从业者进行培训，进一步提升他们的信息技能，使其具有较高的信息素养，从而造就一支强有力的人才队伍，以满足档案信息化建设需求。这也是档案信息化建设过程中的重要内容之一。

相较于其他行业，档案信息化人才队伍建设形势较为严峻，紧缺的人才资源也严重制约档案信息化建设的发展。实现档案信息化建设，除了要有一支同时具备档案知识和信息技术知识的专业队伍外，也需要整个行业提升信息化意识、提高相关知识水平。

（二）档案信息化建设原则

1. 系统性原则

坚持档案信息化建设规划的系统性，是制定好规划的前提。规划应严格按照国家和地方有关档案信息化的要求、标准和规范执行，确保档案信息化建设的各个子系统之间无逻辑错误，确保档案信息化建设各个要素之间的兼容和匹配。在此基础上，可根据本单位实际情况的侧重与发展，鼓励创新发展档案信息化建设。

2. 融合发展原则

制定档案信息化建设规划，除了档案系统、档案部门上下级、左邻右舍之间要有统一规范，要规划建设相对独立、自成体系的档案信息化项目、系统外，还要注意与本地、本单位的信息化建设规划、智慧城市建设规划等相互融合，要注意利用好各级各单位已经建成的或准备建设的信息化基础平台，搭建档案信息化建设平台。

3. 继承性原则

信息技术的发展突飞猛进、日新月异，即使当前规划得很科学的档案信息化建设方案，下一阶段也可能就随着软硬件的升级换代无法适应新的要求。拟订档案信息化规划方案时忽略继承性的代价将是非常高的。因此，规划方案必须提前预判档案信息化各项建设内容后续的可扩展能力、冗余度和数据格式兼容性能等方面。

4. 循序渐进原则

在档案信息化建设中实现循序渐进原则，就是要从本地区、本部门、本单位工作实际出发，对自身信息化发展水平、资源规模、技术力量、资金投入、基础工作水平等因素进行综合考虑，从而对总体布局、实施步骤加以确定。要立足上述现状与发展要求，既统筹好人力、物力、财力，又要对工程建设规模与进度进行合理安排，分阶段、分项目、分步骤地逐步推进与实施，切忌头脑发热、一哄而上、盲目推进，造成建设的不协调、不可持续发展，最终影响工程质量与建设目标的实现。

5. 前瞻性原则

制定档案信息化建设规划，要充分考虑云计算、大数据、互联网技术、移动通信技术等创新发展对档案信息化建设的影响及引领作用。对已经成熟的相关技术，要及时降之运用到建设项目中，纳入相关规划。对不断发展的技术，要注意跟踪发展情况，在规划中提出档案信息化的未来发展方向。

（三）档案信息化建设规划的主要问题

制定档案信息化建设规划中，存在的主要问题是容易忽略将档案信息化建设相关系统的运行维护工作纳入规划中。任何信息化项目建设都需要后期不断地运行维护。倘若规划方案忽视后期运行维护难度和成本，那么档案信息化建设就不可能达到预期效果。规划方案时，既要考量所采用技术的可靠性、稳定性，又要考量自身信息化人才队伍的技术能力。只有保障档案信息化建设各项系统的良好运行维护，才能发挥其应有的作用。

（四）档案信息化建设规划的误区

档案信息化建设规划的误区之一，就是过分追求某些信息化指标的先进性。档案信息化建设是一个多方面工作、多系统集成的过程。如果把其中的几个子系统超豪华配置，那可能适得其反，因为信息技术的软硬件设备是遵循最佳性价比规律的。包括档案信息化建设人才队伍这个变量因素，亦不可一味"高配"，因为"高配"的人才找不到舞台就会流失。实际上，许多档案信息化的软硬件设备不出三年就都已经更新换代了，"高配"是没有什么性价比可言的，只有规划好系统的继承性、可扩展性和冗余性才能保障档案信息化工作顺利开展。

档案信息化建设规划的误区之二，充裕的资金预算导致"大马拉小车"现象。此现象在实际用户中偶有发生。部分档案信息化部门有充裕的资金预算，喜欢追求"一步到位"。实质上，档案信息化是一个过程，在信息技术的推动下是永无止境的。"大马拉小车"导致的是极大浪费和对工作的不负责任。如果预算充裕的单位，不妨分配一部分资金在人才培养方面。人才培养有较高性价比，知识更新快、实际工作能力强的人才是永不过时、永不贬值的资产。

（五）档案信息化建设标准与规范

1. 档案信息化建设的标准规范体系结构

档案信息化建设是一项系统工程，该工程以实现共享服务与科学管理为目标，以统一的标准与规范为基础。

现如今，信息资源往往有着多种形式，管理服务也有着不同方式，想要满足这二者之间的信息交流、利用与共享需求，建立并应用统一的标准、规范可谓势在必行。所以，在档案信息化建设过程中，我们要对档案信息标准与规范建设进行科学规划，同时对数字档案信息标准与技术规范统一制定，大力推广实施，从而真正将数字档案标准规范体系建立起来。这样，我们就能切实保障档案信息实现自由交换、有效共享。

同时，在档案工作标准规范体系建设中，档案信息化标准规范体系也是非常重要的组成部分。根据档案信息化工作的特点与规律划分，档案信息化标准规范体系主要包括四部分内容，分别为基础标准、管理标准、技术标准和业务标准。这几项标准也可以被视作档案信息化标准规范体系中的"子系统"，它们之间联系紧密、彼此作用，从而使得档案标准规范体系更加地完整、系统。

　　档案信息化基础标准既是对档案工作基础性、指导性的规范，又是在制定数字档案信息标准时经常被引用的标准。它主要包含以下几项基本内容：数字档案计量单位、数字档案信息数据检索语言、数字档案基本术语、元数据和对象数据格式、数字档案信息标识标记、数字档案数据文件格式与交换格式等。

　　档案信息化业务标准是数字档案信息标准规范体系的主体，我们可以将其划分为以下几种标准：档案数据交换标准、数字档案数据存储保管与保护标准、数字档案信息加工与编研标准、数字档案信息归档标准、数字档案信息检索利用标准、档案数据整合标准、数字档案信息利用与共享标准、档案数据鉴定标准、数字档案数据著录标准、数字档案数据统计标准、档案数字化标准等。

　　档案信息化管理标准属于一种行业管理标准，其主要针对的内容包括档案信息化建设和管理的组织、职责与程序等。同时，档案信息化管理标准也是一套规则，供那些不同形式数字档案信息、资源的管理使用，其具有重要意义，能够对档案信息化建设进行规范，能够使数字档案信息资源的管理、利用和保护更具科学性。档案信息化管理标准具体包括以下几项内容。

　　（1）档案信息化建设的各项管理规范和要求。例如，基本建设程序与方法、组织领导与机构设置及职责范围、建设质量指标和考核标准、技术和管理人员的培训等。

　　（2）数字档案信息资源各项管理要求，如数字档案信息数据采集、报送、接收、整理、编目、著录、鉴定、利用、统计、保管等各项工作管理要求。

　　（3）档案信息化工作的日常管理要求与规范。例如，档案局域网、政务网和网站平台管理办法，档案局（馆）信息中心与数据中心的管理职责及工作要求，数字档案信息安全保护管理规范，技术人员岗位责任制，档案数字化操作规范等。

　　档案信息化技术标准是统一与规范档案信息化建设的应用系统、技术手段和设施设备。主要包括以下几方面内容：数字档案信息存储备份技术标准、数字档案信息安全保护技术标准、档案网络基础设施建设技术标准、数字档案数据库建设技术标准、数字档案信息发布技术标准、数字档案信息数据整合技术标准、数字档案软件系统开发与应用标准等。

　　2. 档案信息化建设的标准规范内容

　　（1）档案信息化建设国家标准、规范

　　国家标准指的是经由国家标准化主管机构批准，在公告后需要利用正规渠道购买的文件。除了国家法律法规规定须被强制执行的标准以外，其一般具有一定的推荐意义。

（2）档案信息化建设行业标准、规范

国家有关行政主管部门对行业标准与规范进行制定与发布。因此，在档案信息化建设过程中所应遵循的行业标准与规范，指的是由国家档案局制定并发布的标准、规范。这些标准与规范虽然属于推荐性质，是要求执行的文件，但实际上全省各级档案部门也应当遵循，以确保档案信息化建设工作能够具有完整性、统一性。

三、档案管理信息化

（一）档案管理信息化概念

随着科技的不断发展，我们已然步入信息时代。在信息时代，世界经济发展所需的重要资源变为了"知识"与"信息"，相应地，这也促进了全球性增长模式与发展观念的转变。不难看出，信息化的发展对各行各业都产生了强烈的冲击，其影响是十分深远的，当然这其中也包括档案工作。

档案管理信息化指的是在国家档案行政管理部门的统一规划和组织下，在档案管理活动中全面应用现代信息技术，对档案信息资源进行处置、管理和为社会提供服务，加速实现档案管理现代化的进程。

作为国家信息化的重要组成部分，档案管理信息化是顺应时代发展的必然要求，是全面提升档案工作社会服务能力的必然选择，更是当代档案学理论和实践的核心任务。目前，档案管理工作的关键就是加强档案管理信息化建设，推动档案管理工作科学发展的进程，使其职能作用得到充分发挥。

（二）档案管理信息化建设的意义

1.提高了档案的管理效率

传统档案的管理方式不仅十分复杂，工作速度也相对较慢。因为无论是输入档案信息还是管理档案信息，都需要工作人员手动进行，导致管理效率难以得到提升，档案利用率自然也随之降低。同时，在对档案利用进行宣传时，宣传的途径也较为有限，存在单一性。所以，我们需要大力推进档案管理信息化建设，无论是档案信息的录入还是查询，都可以借助计算机的力量，这会在很大程度上节约人、财、物资源。

由于传统档案管理工作主要依靠工作人员手动管理，所以也会时常受到人为因素影响，无可避免地会出现一些差错。实现档案管理信息化之后，就可以最大限度地规避这些错误，同时使得搜集、浏览、分类、查询等档案管理工作变得更加方便、快捷，一方面大大增强了档案资源在传递时的效率，另一方面也提升了档案管理人员的工作效率。

2. 实现资源的高度共享

传统的档案多是采用纸质形式，如果人们想要对档案进行查阅，必须自行前往档案管理机构，并不便利。同时，纸质的档案也加大了档案资源管理、传递、共享方面的难度。档案信息化管理体系则具备"网络共享性"这一优势，通过技术手段，我们可以对各种载体的原始档案资料（如纸质文件、照片、音频等）进行转换，使其成为电子资源，并将其纳入档案管理数据库，进行统一化的管理与保存。同时，我们也可以在建设档案机构局域网的过程中纳入这些电子资源，与信息化系统（如 ERP 系统、OA 办公自动化系统等）相结合后，形成文档一体化的管理体制，并建立健全授权查阅机制。这样，档案管理人员就能依据自身所拥有的权限，在档案管理系统中对所需资料进行申请，在更简洁的工作流程中完成档案管理使用一体化，更好地履行自身工作职责。

此外，利用共享平台，各档案管理机构还能够对现有的档案资料进行完善，从而使资源更具完整性，切实保证资源实现高度共享。

3. 提高档案机构的工作效率

如前所述，传统的档案管理工作需要人工手动操作，因而工作效率较低。单纯靠工作人员对档案进行查询，查询速度也相对较慢。同时，对纸质档案进行保管也会占据非常大的空间。在长期保管过程中，纸质档案可能会出现受潮、变质等问题，在人们传送、利用纸质档案的过程中，也可能会因为一些原因导致档案出现破损甚至丢失的问题，这样也无形中增加了档案修复、补救工作方面的压力。档案管理信息化能使上述问题迎刃而解。一方面，通过对信息化手段的运用，能够减轻工作人员负担，减少繁重又琐碎的手工劳动，使工作效率得到大幅提升；另一方面，将电子档案信息储存在计算机网络中，能够增强档案保管的持久性，也能防止档案出现破损。

4. 管理的安全性和保密性

档案属于一种十分重要的信息资源，能够对社会发展产生重大影响。假使档案出现破损乃至丢失问题，造成的损失很可能难被补救。档案管理的信息化能够进一步强化档案信息安全，使其具有更为严格的保密性。我们可以对信息进行随时随地的检查，全方位保障其安全。另外，计算机网络的传输也为档案信息的安全"保驾护航"，不仅打破了地域层面的界限，还通过加密等手段严防信息丢失，使得信息的安全性、保密性得到极大提升。

（三）档案管理信息化的重要内容

档案管理信息化是以"档案管理过程网络化"和"档案信息资源数字化"为重要途径，经系统加工、网络传输，合理配置档案信息资源并对其进行有效利用，最终实现共享档案信息资源的过程。所以，在档案信息化建设过程中，档案数字化、网络化建设是至关重要的内容，档案信息化的核心就是"档案信息资源数字化"。

1. 档案数字化的概念

档案数字化，其实详细来说就是"档案信息资源数字化"，指的是将档案信息内容进行转化，使之成为能被计算机识别的数字代码的过程。原始档案资料多以纸张、录像带、录音带为存贮介质，档案数字化就是通过对智能信息处理技术的运用，将这些原始档案资料转换成图片文件、视频文件与音频文件（如对纸质档案进行扫描，将其变为电子图片文件），继而运用存储管理技术，把这些电子文件存储起来。这样，在我们需要的时候，就能通过各种便捷的查询方式快速检索，实现利用效率最大化。

档案数字化主要包含以下两部分内容：其一为档案目录数字化，重点是要将档案目录数据库建立起来；其二为载体档案数字化，就是我们前文所阐述的，将纸质档案等原始档案资料进行数字化转换处理，同时要建立其档案影像数据库、多媒体数据库等，采集档案专题信息并进行建库。

2. 档案数字化是档案管理信息化的核心

现如今，档案管理信息化正在不断发展，我国档案界对"档案数字化"建设予以热切关注。数字档案有其独特的优势，既能够实现网络化、智能化的档案管理，又能够更加方便用户使用；此外，它还具有较强的开放性，检索起来十分方便，大大提升了档案的利用效率。因而，档案管理信息化应当以档案数字化建设为基础与核心。

（1）档案数字化为档案信息化提供必要的数据支持

毫不夸张地说，数据就是信息化的"生命"。想要生产档案数据，就必须要进行数字化工作。当原始档案信息被人们进行数字化处理后，这些信息就会脱离原本的载体，成为一种数字信息资源，档案信息化就是建立在这些数字信息资源基础之上的。当前，多家档案管理机构都开始建设数字档案馆，对档案数字化进行积极推进。许多档案机构、高校不仅开展馆藏档案全文信息数字化工作，更着眼于数字档案馆管理系统的建设，从而有力地支撑档案的保存与开发。

（2）档案数字化是传统档案的革新

在档案数字化的过程中，我们也需要整理档案原件，并对其进行编目、统计。如果原始档案出现模糊或者破损的问题，我们还要对那些模糊褪色的字迹进行恢复，修复照片上的污损残缺。实际上，上述工作就是我们利用技术手段对原始档案的一次全面修整，也是对档案原件安全的有力保护。特别是对于那些历史悠久、十分珍贵的档案资料，我们既为其建立电子档案，又对其原件加以修复，双管齐下强化其安全性。因而，开展档案数字化工作，能够实现档案安全系数的极大提升。

（3）档案数字化是传统档案馆走向数字档案馆的必由之路

未来档案建设的发展方向是建设数字档案馆。档案馆是档案事业的主体，众多档案信息资源在此集散，所以更应当先行一步，开展数字化建设。就目前来看，数字档案馆建设尚在探索之中，无论是具体组成机构还是组织管理模式，虽然都需要再思索、再发展，但有一点是毋庸置疑的，那就是其具有的数字化特征。同时，传统档案的数字化也是数字档案馆建设的重中之重。

第三节　档案管理工作者创新研究

一、档案管理工作者的素质和能力

（一）职业道德

1. 职业道德素质

档案工作的服务性、档案工作环境的封闭性、工作范围的局限性，都需要档案工作人员保持默默无闻、无私奉献、甘为人梯的工作精神。因此，档案工作者要秉持对工作、对人民负责的态度，周到、细致、耐心、热情、主动地为人民服务，要做到百调不烦、百问不厌、以诚相待、一视同仁，急利用者所急，供利用者所需。要有崇高的责任感、强烈的事业心及严谨的工作作风，以严肃态度对待档案工作，切实做到认真严谨，实现档案管理的精益求精。

2. 思想政治素质

由于档案本身具有强烈的私密性特征和排他性特征，因而档案管理工作者必须拥有过硬的思想政治素质。档案管理工作者要树立正确的世界观、人生观和价值观，坚持正确的政治方向，严格遵守《保密法》《档案法》，在思想上、政治上始终保持头脑清醒，在行动上、实践上与以习近平同志为核心的党中央保持高度一致。档案管理工作者还要坚持以人为本服务理念，不断改进自身开展档案管理工作的方式方法，从而为档案行业贡献更多力量，为社会、为人民提供更好的服务。

（二）职业能力

1. 技术能力

档案信息化管理不断向纵深发展，档案管理方式出现了技术层面的变革，档案工作者要不断提高自己的技术水平与业务能力。现代通信技术、网络技术不断应用于档案工作的各环节，让档案信息资源的整理、开发以及利用都摆脱了以往的手工处理，但档案管理人员要认识到数字化、网络化并非等于信息化，档案的信息化管理要想完全取代手工管理还需要很长的时间，需要注意纸质时代与电子时代的档案管理工作在方法以及观念上的衔接与兼顾。

2. 知识与专业能力

档案人才属于知识管理人才，档案工作的专业性、信息的知识性决定档案工作人员的劳动属于知识性劳动，需要档案管理人员有系统的专业知识和宽泛、广博的多学科知识。比如，现阶段档案的载体以及门类的极大变化，要求档案管理工作人员掌握档案信息处理的知识和档案计算机管理的方法，要提高自己的信息数据处理能力，能够在接收、存储、加工、输出信息时做得更为熟练。档案管理工作人员要拥有较强的科研能力，在服务过程中勤于思考，沉下心来研究；在对信息资源的开发与利用过程中充分发挥自身的主动性和创造性，在实践中让自己的科研水平得到进一步提升。要熟练掌握现代通讯能力，从而提升自身远程获取网上信息资源的能力。要具有语言应用能力，比如过硬的文字功夫以及准确、流畅的表达能力，以便很好地与同行、上级、档案利用者进行交流，提供优质服务。

3. 学习能力

科学不断发展的今天，各种新技术层出不穷，要想在档案管理中应用各种新技术就要不断学习先进技术的基本原理，了解信息管理的操作方法与知识，掌握录像、扫描、导入、自动检索、数据库建立、网络技术应用等相关技术，这就对档案工作人员的学习能力提出了更高的要求。档案工作人员要通过参加教育培训或自主学习来获取档案工作者需要的各种技能。

4.管理能力

管理能力是档案工作职业性质的基本要求，在档案工作人员的职业能力中非常重要。档案工作需要与不同层次、多方面的人员打交道，这就要求档案工作人员具有良好的协调能力、沟通能力以及组织能力，与同行以及上级单位联系时要具备公共关系能力。

（三）心理素质

档案管理工作人员应当具备良好的心理素质，具体来说可以概括为"四心"，即安心、热心、耐心、信心。所谓"安心"，就是能安心从事档案工作，真正做到干一行、爱一行、专一行，全身心投入工作之中；"热心"就是指档案管理工作人员要时刻保持热心肠，以满腔热情、满腹诚意服务于他人、服务于社会；"耐心"指的是在从事档案工作时，管理人员要能耐住寂寞，时刻摆正自身位置；"信心"则是指档案管理工作人员要有信心在档案行业取得属于自己的成就，干出一番事业。

相较于其他工作，档案管理工作内容较为枯燥无趣，档案管理人员每天都要面对不同层次的需求者，面对他们对档案的不同需要，因此，档案管理者需要培养自身良好的心理素质，一方面在服务中时刻保持热情与耐心，另一方面也要能够区分这些需求的轻重缓急，分清主次，有条不紊地做好档案管理工作。

二、提升档案管理工作者素质的必要性

（一）信息技术更新快

步入信息社会之后，我们会发现无论是工作中还是生活中都有着信息技术的身影。而在档案管理中，信息技术也逐渐被广泛应用。例如，很多档案馆都建立了电子档案、音像档案。所以，档案管理人员也要做到与时俱进，提升自身信息技术应用能力，以更好地完成工作。

（二）档案管理工作需要便捷化

档案管理工作往往涉及大量资料，需要接触繁杂的信息，倘若一直使用传统办法存储、提取、利用档案，既耗费时间与人力，又会导致很多珍贵资源得不到及时开发与利用。因此，档案管理设备亟须更新升级，档案管理人员也需要不断学习突破。

（三）档案管理工作者素质亟待提高

现实中，存在部分单位不重视档案管理的现象，这些单位在招收档案管理人员时也存在随意性，导致后续出现诸多问题。这些未被严格考核过的工作人员有的缺乏责任意识，工作时粗心大意，不能按时完成任务；有的则缺乏相应能力，不具备档案管理的专业知识，也未接受过培训，因此在进行档案管理时常常出现不规范的操作行为，使得工作质量下降；另外，很多工作人员不具备全面的工作能力。现如今，信息技术不断地更新换代，但有些档案管理工作人员的能力却跟不上信息技术的发展，技能单一的问题仍然存在，无论是对信息技术的认识还是对其学习、利用方面都存在不足，因而在档案管理工作过程中难以取得很好的成效。

三、提升档案管理工作者素质与能力的途径

（一）进一步提高思想政治素质

档案管理工作不同于其他工作，其具有自身的独特性。身为档案管理工作人员，如果想要变得更优秀，首先要做的就是不断提升自身思想政治素质。档案管理工作人员既要坚决拥护中国共产党的领导，坚决贯彻国家的法律法规和方针政策，又要对档案管理制度以及档案管理人员的工作准则认真学习、严格落实到位，从而使自己的思想觉悟不断提升、服务意识持续增强。档案管理工作人员要按照时代发展提出的要求，积极主动地对自身思想观念进行更新，为人民群众提供更优质的服务，将档案管理工作水平不断提升。

（二）进一步提升管理能力

拥有较强的工作能力，是出色完成某项工作的基础和先决条件。因而只有具备较强的管理能力，档案管理工作人员才能较好地完成档案管理工作，进而提高工作效率、保障工作质量。由于信息技术不断发展，档案管理的形式也随之发生改变，相对应地，档案管理工作人员的工作模式也需要进行转变。从前工作人员开展管理工作可能更多的是依赖积累的管理经验，但如今应当依靠的是专业知识以及现代技术。同时，档案管理工作的内容也不断增加，除了搜集、立卷、归档、鉴定、保管等工作外，工作人员还需要负责开发档案以及相关的信息交流、教育、科研、宣传等内容。因此，要想提升自身素质与能力，档案管理工作者就需要重点提升管理技能，既要熟练掌握如立卷、归档、保管等基本工作技能，又要具备

研究能力、档案开发能力和教育能力，同时也要拥有一定的沟通能力，能够迅速、妥善地处理信息、解决问题。唯有对档案管理技能进行全方位提升，档案管理工作人员才能真正满足现代档案管理工作所提出的要求，在开展档案管理工作时拥有更高的效率，取得更扎实的成效，最终促进档案管理工作又好又快地发展。

（三）进一步推动档案管理的信息化建设

当今社会，网络技术和信息技术在人们的生产和生活中得到了广泛的应用，在档案管理工作中，也要充分发挥现代科学技术的优势，借助先进科技的力量，开展档案管理的信息化建设，进一步提升档案管理工作的数字化和网络化水平。档案管理工作人员，一定要注重自己的专业知识的学习，不断推动档案管理工作的信息化建设进程，同时做好档案管理的软件和硬件建设，保证档案管理中的归档环节的完整性和及时性。与此同时，应该做好档案信息的搜集和整理，及时将这些档案信息进行归档，避免档案信息丢失和破坏，从而严重影响档案信息的准确性和有效性。在实践中，要注重档案管理系统的升级和功能完善，并及时对档案管理工作人员进行相关的培训和学习，让他们及时掌握升级的新功能操作，以便更好地满足档案管理工作的需要，进一步推动档案管理工作的信息化建设发展。

（四）进行职业素养教育

最后，档案管理工作者要想提升素质与能力，就要加强职业素养教育，这是行之有效的方法之一。对档案管理工作者进行职业素养教育，能够使其对档案工作的重要价值形成正确而深刻的认知，帮助其进一步增强创新意识、责任意识、服务意识、管理意识等，使其在开展档案管理工作时始终保持积极的工作状态、具备饱满的工作热情。此外，我们也要积极培训档案管理工作人员，使其掌握更多新技能，不断提高自身能力，能够在信息化建设中熟练地对工作进行推进，促进档案管理工作不断向前迈进。

第三章　档案数字化建设探究

档案数字化建设在现代办公体系中应用越来越广。相较于传统的档案管理模式，数字化建设能够有效减轻日常管理负担，提升档案信息的综合流转效率。不但可以显著降低档案管理的负荷，同样也有助于解决因管理不当而导致的各种问题，进一步发挥档案管理的功能与价值，为提升单位运转效率，获得良好市场竞争力创造一定的条件。本章主要探讨档案数字化建设，分为档案数字化建设概述、档案数字化建设思考和档案数字化建设问题及对策三个方面内容。

第一节　档案数字化建设概述

一、档案数字化建设内涵

"数字化"，其实就是将一切信息用"0"和"1"两位数字编码表达出来的一种综合性技术，也就是将全部信息都变为数字信号。从中我们也可以看出，数字化实际是就信息而言的。因而，档案数字化就是档案信息化，而档案信息数字化就是将传统介质文件（如纸质文件、声像文件）和已被归档保存的电子档案，通过运用高速扫描技术、数据库技术、数据压缩技术等技术手段进行系统组织，使其成为结构有序的档案信息库。

数字化后的档案信息能够大大提升计算机检索速度，从而实现档案存贮空间的节约利用，缓解库房紧张的压力。同时，还能够减少频繁使用过程中对档案原件，尤其是珍贵档案造成的磨损问题。因此，档案信息数字化能够充分发挥档案馆的信息优势，不断扩充丰富网上信息资源的内容，实现信息资源开发利用的进一步强化，有利于档案馆特色服务的开展。

档案数字化建设是指利用计算机技术、扫描技术、图形图像处理技术、数据库技术等把各种载体的馆藏档案转化为数字化档案信息，以数字化的形式存储，以网络化的形式互联，采用计算机系统进行管理，借助数字化技术平台实现快速检索与利用，从而实现档案信息资源共享。在项目推进过程中，不同类型载体的档案资源都可以转化为数字化的信息予以保存，依托于常规的档案管理系统采取统一存储管理模式，不但可以满足资源信息共享的要求，同时也改善了档案管理中出现的各种问题，降低了人员工作的压力与负担，推动了社会分工的进步与发展。

二、档案数字化建设目的

数字化建设的目的是使档案馆（室）现有的档案文件资料全部实现数字化处理，建立健全档案目录数据库、现行文件全文数据库和多媒体数据库（照片、音频、视频等），通过数据接口和政务办公系统连通，用先进的数字化档案管理系统提供安全、高效的管理和服务，实现真正的资源共享。

（一）提高档案信息的利用价值

（1）传统档案管理"重藏轻用"，手工查询档案信息效率极其低下，档案的利用价值不大。而在档案管理信息化时代到来之后，档案管理人员就能够很轻松地在信息库中对所需要的档案信息进行查询，摆脱"孤本"限制，能够将同一份文件同时向所有不同的需求者分享。

（2）我们可以通过计算机局域网、广域网对数字影像文件进行异地传输，更便捷地实现异地调阅利用，使档案的利用空间进一步扩大。

（3）数字化信息以电磁信号为存储媒介，具有跨区域的超速查询，实现网络资源的共享，利用者能够随时利用自己所需要的、已开放的档案信息资源。档案信息的利用价值也得到了极大提升。

（二）提高工作效率，降低成本

通过强化档案数字化建设，我们将传统档案查询时的繁琐流程简化，真正实现了档案信息查询利用的智能一体化。在传统档案查询、利用过程中，往往会出现档案的多次辗转，不仅浪费大量时间，更容易造成许多重复劳动。通过数字化档案管理系统，利用者可以随时对所需的电子文档数据信息进行查询与利用，这不仅使工作效率得到极大提升，更使得档案信息利用的成本大大降低。

（三）提高档案实体保管安全性

（1）在档案数字化管理中，档案管理工作人员可以使用自己的权限，直接在网上对档案进行查阅与打印，从而减少对库存档案的调阅、复印次数，使得库存档案老化速度降低，也解决了档案保管与档案反复借阅、利用之间的矛盾，从而实现对库存档案最大限度地有效保管与保护，确保档案的实体安全。

（2）通过异地异质备份多套档案数字化副本，确保档案信息的安全，规避各种自然灾害或战争等人为损坏对档案信息可能带来的灾难性后果。

（3）对档案材料中模糊褪变的字迹加以恢复，对照片档案中污损残缺部分加以修复。

三、档案数字化建设的基本内容

档案数字化的内容可以根据数字化程度被划分为两个层次。其一为档案目录的数字化。其目标为建立档案目录数据库，其关键在于对档案著录标引进行规范，并对档案目录数据库结构加以科学选定；其二为档案全文的数字化，我们可以对档案全文进行扫描录入，按照原貌将其逐页存储为图像文件，并为其编制目录索引，或是经 OCR（光学字符技术）识别后采用文本格式存储档案内容，辅之以全文检索数据库。在档案数字化过程中，我们可以根据档案的自身特点和档案部门的实际情况将这两种方式结合使用。

从业务内容上看，档案数字化建设主要包括以下几方面内容。

（一）档案资源数字化整理

档案资源数字化整理主要分为两部分内容，其一为通过运用数字技术，实现各种馆藏的数字化；其二为接收归档的电子档案，为档案数字化奠定基础。实现档案资源数字化整理基本途径有三：一是档案馆把固化在纸质载体中的档案信息开发汇集成三次文献信息，并以数字化方式输入计算机上网；二是利用数字照相、扫描等技术将档案原件进行数字化处理；三是直接在办公自动化过程中形成规范的电子文件信息。

（二）建设数字化档案信息资源数据库系统

数字化档案信息资源数据库系统是存储、处理和维护数字化档案数据的软件系统，其包括数字化档案管理系统、数字目录中心管理系统和数字文件管理系统等。

（三）建设数字化档案信息网络

数字化档案信息网络建设的主要目的就是在互联网上对数字化的档案信息进行发布与传递。档案资源的数字化能够对档案原件进行保护，不过其最终还是为了实现"信息共享"，这也是档案管理的最高境界。互联网技术的飞速发展，使得这一目标的实现成为可能。当不同区域的档案馆连接国际互联网之后，档案馆就能和世界各地的利用者相联系。只要用户利用计算机登入网络，就能够打破空间限制，对网上所有开放的数字化档案资源（无论国内、国外）进行检索。档案数字化信息网络建设包括以下内容：国家档案信息总网站建设、内部局域网建设、档案信息网站建设等。

四、档案数字化建设的基本原则

档案数字化建设工作需要涉及整个档案管理流程，具有较高的技术标准与适应原则。在档案数字化建设过程中需要保持合理的规范化管理技术，确保各个环节相互衔接，保持清晰严谨的工作态度，主要做好如下几个方面的工作：一是需要关注信息安全保密问题。保密问题是档案数字化建设过程中需要特别关注的问题，这是因为相较于传统的纸质档案信息传输模式而言，信息化处理模式更容易出现信息泄露问题，不但会给单位带来不利的影响，同时也可能会带来巨大的风险，给单位发展带来不利影响。二是关注档案原件的归档保存与后续保管问题。档案信息化处理并不是意味着原件的功能丧失，相反，信息化过程中原件既可以作为证据，也可以作为调整登记与记录的主要依据，所以需要做好原件的管理与控制，一般采取原件归档管理方式来进行强化控制。三是强化不同环节之间的衔接与配合。目前来看，档案数字化建设工作属于系统工程项目，并不是某一个或者几个人就可以实现的，需要整个档案管理系统配合相关部门对接人员共同参与、积极讨论、合理落实，以此来确保信息整理、分析、挖掘与综合利用的各个环节相互衔接，发挥出档案数字化建设的功能与价值。

第二节 档案数字化建设思考

一、档案数字化建设的重要性

档案数字化建设工作具有重要意义，其不但能将档案管理人员从繁重的重复劳动中解放出来，也可以有效降低不必要支出，确保档案管理的覆盖面，主要分析如下几个方面。

第一，改善档案管理效率，满足科学管理要求。积极改善档案管理效率，可以显著提升信息应用水平，从而改善单位组织架构，推动工作取得有效成果，这都是档案数字化建设的重要目标。在传统的档案管理模式中，大多数管理工作都需要人工来完成，包括资料的收集、整理、分类管理等。在信息化时代背景下，通过数字化建设能够将传统的纸质资料转化为信息资源并将其录入到计算机中，可以随时进行信息的调取，做好内容的分析与筛选，从而为便利地进行信息查询、检索提供方便，有效降低了档案管理的负担，提升了科学管理的效果。

第二，借助备份原件的方式强化档案保管效果。借助及时备份原件的方式有助于更好满足原件管理的需要。目前，我国各机关事业单位与企业对于档案数字化建设已经有了一定程度的认识，大部分单位都采取了数字化模式，但是对于库房的整体管理还存在一些问题。库房条件差、老旧小的问题依然存在，不但没办法对档案管理做好保护措施的改进，同时也存在反复查阅与复印过程中的档案原件磨损等问题。另外，档案资料使用时还会存在一些丢失、破损的风险。在原件管理过程中，可以利用数字化信息技术，数字化信息能够高效应用且不会丢失，从而实现了强化档案保管的效果。除此之外，原件拥有多种不同的存在形式，对于原件本身也具有一定的保护作用，可以达到分散风险的效果。

第三，降低不必要的成本支出，提升管理覆盖面。降低成本风险，降低不必要支出是档案数字化建设的另一个重要原则。在系统构建过程中，短期文件需要采取电子文件的方式进行管理，此时不需要采取纸质归档模式来进行管理，这不但节约了资料室的管理空间，也有效降低了管理成本。实际上，除去部分重要材料需要采取纸质归档模式之外，大部分的材料都属于佐证材料，可以对关键材料采取归档管理，以此来替代大量纸质材料管理模式，有效降低支出成本。通过优化管理流程与环境能够帮助单位更好地分配档案管理资源，既可以突出关键材料的应用，也可以减轻后期管理的压力，更有利于提升管理覆盖面，满足信息化发展的客观需求。

二、档案数字化建设的可行性

想要保障档案数字化建设顺利、健康进行，我们就要发挥好基本条件的支持作用，使之成为坚实保障。需要对以下几方面内容进行重点考量。

（一）技术条件

作为当代高新技术发展的产物，档案数字化建设自然需要相关高新技术的有力支持。数字档案馆是档案数字化建设的终极目标，其本身就是一项技术集成系统工程。在数字档案馆建设过程中，我们需要将软件、计算机、网络、信息组织等工程有机结合起来。同时，档案数字化建设需要"宽带高速网"这条传输通道，从而实现馆际间各种档案信息、多媒体信息的互换，并将这些信息向利用者进行传递。此外，档案数字化还需要以各种档案管理技术为依托，如数据存储、加密、压缩、传输技术，档案分类、检索、索引技术，影像自动处理技术，条码与版面识别技术等。这些相关技术的成熟程度，对档案数字化进程起着非常重要的作用。总的来说，作为一项有着较强技术性的工程，档案数字化建设涉及网络通信技术、多媒体技术、计算机技术、数据库技术、安全技术和信息存贮技术等众多高新技术，为档案数字化建设的顺利进行提供重要保证。

（二）网络基础设施条件

档案数字化的目的一方面是为了保护档案原件，另一方面则是为了提高档案信息的利用率和提供档案信息网络化服务。而要实现网络化利用就需要一定的网络基础设施为前提，如局域网的建设、信息资源网站的建设等。如通过网站，向用户提供各种数字信息服务，这种服务能打破时空限制，真正实现信息资源共享，而网站建设一般包括域名申请、服务器配置、网站规划、网页设计、系统配置、主页发布、数据库系统开发、网站宣传等内容。所以网络基础设施的建设情况关系着能否把数字化档案信息在网络上发布。

（三）资金条件

档案数字化建设是一项庞大的系统工程，无论是实现信息数字化还是建设数字资源数据库系统，再到建立网站，实现网络化管理与利用……每一个环节都需要大量的资金。因而，在开展档案数字化建设时，我们一定要先考虑清楚档案部门是否具有相应的经济实力，是否能够保障档案数字化建设的顺利进行。

（四）人才条件

档案数字化建设过程，同样也是应用新知识、新技术的过程。因而，各领域的高层次专业人才同样是档案数字化建设的重要基础。在档案数字化建设过程中，我们需要如信息管理专家、系统分析与设计专家、法律专家、系统管理与维护专家等专业人才的力量。可以说，档案数字化建设成败与人才问题息息相关。

三、标准化在档案数字化建设中的应用

在信息化社会，标准化是实现互联互通、资源共享、业务协同的基石，因而，"标准化原则"是开展档案数字信息化建设必须坚持的原则。

（一）标准化在档案数字化建设中的作用

所谓"标准"，就是统一规定那些重复性的概念与事物；而所谓"标准化"，就是对该标准的制定、执行以及修订的过程。在实现档案信息数字化的过程中，我们要时刻坚持标准化原则，制定出相应的标准与规范，并以此为依据，完成传统介质档案数字化，电子文件归档，数字化档案的保管、传递、利用等工作，使各项工作井然有序，实现规范化、标准化，从而避免出现互不兼容、重复建设、各自为政等问题。

（二）档案数字化建设基本标准的构建

1. 网络基础设施标准

人们之所以对网络基础设施标准加以制定，主要是想为数字档案信息提供一个标准化的网络运行环境。网络基础设施标准重点包括网络互联互通、基础通信平台工程建设等方面的标准。

2. 应用标准

对应用标准进行制定，主要是为数字化档案信息面向公众服务提供一个良好的应用环境，重点包括代码、电子公文格式、数据元等方面的标准。具体有如下内容。

其一，字符内部编码标准。包括中文文字编码标准，如 CB231280《信息交换用汉字编码字符集》；西文数据标准，如 ASCII 字符集标准；集外字符编码标准，如基于 Windows 2000 的 UNICODE 字符集标准等。

其二，数据处理格式标准。包括扫描图像数据格式，如 TIE、JPEC 格式；视频文件格式，如 MPEC、AVI 格式；文本数据格式，如 MARC 格式、XML 格式

等标准。

其三，信息输出标准。即直接面向网络用户的服务形式，如信息的显示、传递、打印等。在数字化过程中，档案部门应对目录显示打印格式、浏览器查询格式和动态页面格式进行统一制定，从而使检索利用更为便捷。

3. 应用支撑标准

对应用支撑标准进行制定，主要是为数字化档案信息的应用提供各方面的支撑和服务，主要包括日志管理和数据库、电子记录管理、信息交换平台等方面的标准，如数据交换标准。要实现不同类型的计算机、不同格式数据和不同操作系统都能共享同一网络，就必须遵循统一的网络通信协议以及数据交换标准。在数据交换标准方面，我们可以对以下标准进行借鉴，如国际电子数据交换标准（EDI）、国际标准化组织制定的《ISOZ3950检索协议》标准等。

4. 信息安全标准

对信息安全标准进行制定，主要是想为信息的管理利用提供一个安全的运行环境。其包括为数字化档案信息提供服务所需的各类标准，主要有身份鉴别、加密算法、访问控制管理、公钥基础设施、安全级别管理、数字签名等方面的标准。

5. 管理标准

对管理标准的制定，主要是为了对档案数字化建设的质量进行保障，使其能够更加有序、健康地进行。管理标准主要包含制度管理、人员管理、信息管理等方面的标准。

在档案数字化建设时，我们一定要高度重视相应标准与规范的制定，要严格遵循国内外有关数据格式和数据标识语言的通用规范和标准，确保数据库建成后能够适应各种通用软件、硬件，真正实现在不同通信网络系统中的资源共享。这样，才能使利用者在对档案信息进行利用时更加便捷，避免出现各种问题。此外，我们在制定标准时一定要做到"三个立足"，即立足于高、立足于全、立足于早，只要是能够采用国际标准与国家标准的，就要予以采用。

四、档案数字化建设中的保密与隐私权问题

我们不仅要推进档案数字化工作，做好档案网络化服务，在对数字化档案信息开发利用的时候，还要格外注意对公民个人隐私的保护与保密。

（一）保密与隐私权问题的产生

涉及公民隐私的档案，主要包括五大类：（1）公民的音像材料、文字材料，

包括照片、录音磁带和信函。（2）公民的身体状况，如出生、死亡、婚姻、籍贯、健康状况等材料。（3）公民的经济状况，如财产、收支、缴纳的所得税和银行存款等材料。（4）公民的活动状况，包括公民的职业活动、政治观点、哲学观点和公民的诉讼案件材料等。（5）人口调查、经济调查等调查统计材料等。

和其他文献信息（如图书等）相比较，档案信息更为特殊，具有保密性。对于那些有着不同密级的档案，我们只能在特定范围内加以利用。同时，这些不同密级的档案中必然会涉及非常多的个人隐私信息，如果未经档案所有者允许，是不能被公之于众的。我们要意识到，由于网络的公开性、计算机系统的脆弱性以及数字化档案信息自身的特性等因素，信息资源中的个人隐私正面临威胁，特别是当我们在网络环境中传输数字化档案时，如果遭遇病毒，或者被黑客恶意攻击，那么很有可能导致泄密问题发生。因而相比于传统介质的档案，数字化档案存在更大安全隐患。

（二）保密和隐私权问题的处理

在最大限度实现信息资源共享的同时，如何加强档案保密及公民个人隐私的保护呢？主要应从以下几方面采取措施。

第一，要妥善处理数字化档案信息的利用与保密之间的关系。我们要认识到，对档案信息的开发利用和对档案机密的严格保守，都是档案部门的重要职能，二者之间存在辩证统一的关系，且都具备科学性与政策性。开展档案工作的根本目的就是对档案信息的开发和利用，因为只有充分利用档案信息，档案的潜在作用才能被充分发挥出来，从而实现档案的价值；但是，我们说的利用档案，并非是毫无原则地利用，也绝不能是毫无控制地利用。在利用数字档案信息的同时，我们也要强化相关保密工作。当然，对档案信息机密的严格保守，也需要在有助于促进开发利用档案信息的基础上进行。具体来说，我们应当在对数字档案信息的充分利用过程中进一步强化保密工作，而在对保密工作的进一步强化中推进数字档案信息的开发利用。

第二，要加强技术防范。要将电子文件备份系统建立起来，采用数字控制、访问控制，禁用盗版或不明来历的软件，加密电子文件，预防拷贝等，强化数字化档案的访问、存取控制。

第三，要加强法律保护。现如今，我国已出台了许多有关保密档案保护的法律法规。其中，在保护档案信息秘密方面范围最广、有着最为具体的保护措施与制度的，当数《保密法》。而《档案法》也对档案的保密工作进行了非常明确的规定。此外，我国的《宪法》以及新修订的《刑法》《刑事诉讼法》《民事诉讼法》等，也都从法律角度认可并保护公民的隐私权。

在国外，很多国家专门制定出台了《隐私权法》。然而从目前来看，我国尚未出台专门的《隐私权法》。所以，我国也应当加大对隐私权的保护力度，尽快制定出台专门的《隐私权法》。

第四，要加强管理。要制定严密且合理的管理措施、管理标准，在数字化档案管理过程中，实行前端控制和全过程管理，形成一个"无缝管理系统"，杜绝档案泄密现象和侵犯公民隐私权问题的发生。

五、数字化档案信息的安全问题

数字化档案的特性使得数字化档案信息的安全问题尤为突出。一是因为数字化档案信息赖以生存的计算机与网络空间，充满了不安全因素与隐患，使得数字化档案信息的真实与完整受到了严重的威胁；二是由于数字化档案信息的读出依赖于软件、硬件与操作平台，IT 技术的迅速发展对长期保存的数字化档案信息的读出构成了威胁。据此数字化档案信息的安全涉及到两个方面的问题，一是维护数字化档案信息的真实与完整，二是保证数字化档案信息的长期存取与可读。

（一）威胁数字化档案信息安全的因素

1. 技术因素

技术因素是由于技术本身的局限性而使得数字化档案信息真实与完整受到影响。现阶段信息资源数字化的主要方式有键盘录入和扫描（包括图像方式保存和经光学字符识别后以文本方式保存）两种。键盘录入的主要缺陷是速度慢、效率低和成本高；扫描还存在图像质量不高、扫描速度低以及汉字识别率低等缺陷，会造成部分笔迹浅淡的数据"丢失"。网络系统的安全技术，尚在建立和完善之中，计算机网络分布的广域性、数字化信息资源的共享性、通信信道的公用性等，都为信息被窃取、盗用、非法增删改及各种扰乱破坏带来安全隐患。电磁泄漏尚难避免也是计算机系统的一大隐患，它为信息被窃取提供了方便，同时也干扰了其他电磁设备的正常工作。已被清除的磁介质的剩磁信号，可能造成机要信息的泄露。

此外，网络软件不可能是百分百的无缺陷和无漏洞的，这些漏洞和缺陷恰恰是黑客进行攻击的首选目标。有些软件在开发时预留了"后门"，一般不为外人所知，这一方面为软件调试或进一步开发和远程维护提供了方便，但也为非法入侵提供了通道。一旦"后门"洞开，其造成的后果将不堪设想。

2. 人为因素

人为因素，顾名思义，就是数字化档案信息的真实与完整因为人的行为而遭受威胁。由于数字化档案信息有着易操作性，并且被修改后一般不会留下痕迹，所以很容易因为人们一些有意或无意的增删与更改出现失真问题。通常来说，一般存在两种类别的人为因素。

其一，蓄意破坏。行为人带有主观意识故意对数字化档案信息内容进行改变。例如，人们对自己或者他人的文件进行覆盖，以获得某种利益或实现某种目的。其二，因为疏忽大意而引发的事故。例如，由于不慎操作导致数字化档案信息遭受计算机病毒侵害。

3. 非人为因素

如果导致数字化档案信息的真实与完整遭受损失，档案信息被破坏的原因又并非人为的直接行为，那么我们就称其为"非人为因素"。例如，社会自然灾害、设备故障与失效、意外灾祸等都属于"非人为因素"。

4. 管理因素

对数字化档案信息安全进行保护的时候，我们主要采用的还是管理手段。但是，在管理过程中存在的管理混乱、责任不明、安全管理制度不健全以及缺乏可操作性等问题，都会造成管理安全的风险。在已经发生的多起网络安全攻击事件中，很大一部分侵犯是来自于内部网络。例如，有的内部人员故意泄露内部网络结构；安全管理员对用户与口令信息进行有意透露；部分内部员工恶意编写破坏程序，并将其传播于内部网络；部分内部人员对他人涉密信息进行盗取并肆意散播。上述都是因为管理不当而造成的数字化档案信息不安全因素。

（二）保障数字化档案信息安全的措施

1. 安全性的技术保障

实现信息安全，要依靠安全技术这一有力保障。特别是在数字化过程中，我们要进一步加强技术研究，对新技术予以积极采用，切实保障数字化档案信息安全。

（1）采用信息加密技术

实行信息加密，主要是对网内文件、数据、口令控制信息以及网上传输的数据予以保护。加密技术能够通过信息的变换与编码，将那些机密的敏感信息转变为乱码型信息，使之难以被人读懂，从而对数据安全进行保护。

（2）数字签名技术

数字签名能够辨认、验证电子文件。它通过模拟传统文件手写签名，从而实现用户对电子形式消息的认证。当然，采用数字签名技术的前提与基础是数据加密技术。

（3）防火墙技术

"防火墙"是一种形象的说法，它实际上是计算机硬件和软件的组合，在网络网关服务器上运作，在内部网与公共网络之间建立起一个安全网关，保护私有网络资源免遭其他网络使用者的擅自使用或入侵。

（4）操作系统安全内核技术

通过对系统安全内核技术以及数据库安全技术进行操作，剔除系统内核中那些可能引起安全性问题的部分，从而使系统更加安全。操作系统平台的安全措施主要包括以下几部分：采用安全性较高的操作系统；对操作系统的安全配置；利用安全扫描系统检查操作系统的漏洞等。

（5）入侵检测技术

入侵检测是对计算机和网络资源的恶意使用行为进行识别和响应处理过程。它可以帮助系统对付网络攻击，扩展了系统管理员的安全管理能力，提高了信息安全基础结构的完整性。

（6）生物识别技术

生物识别技术是依靠人体的特征来进行身份验证的一种解决方案，由于人体特征具有不可复制的特性，这一技术的安全系统较传统意义上的身份验证机制有很大的提高。

（7）数字档案的长期可存取技术

随着现代信息技术发展日新月异，数字档案存储载体寿命比读写它的计算机软硬件技术生命周期还要漫长。因而，在数字环境中维护信息可存取性，其主要问题并非是"数字媒体"，而是如何使数字信息能够随技术更新而一代一代向下流传。因此在对数字档案实施载体保护和信息安全保护的基础上，我们还要对其具有的可存取性加以考虑。从目前国内外研究成果来看，主要采取如下手段。

①仿真。仿真是解决数字信息长期存取的最初尝试。它制造一种软件，这种软件能够运行过时软硬件，并在运行过程中对其进行模仿。

②迁移。迁移是将数字信息从一种技术环境转化到另一种技术环境上的复制，它是随计算机软硬件变化适时改变数字信息格式的一种处理过程。

③载体转换保护技术。载体转换保护技术是指将技术过时的数字档案适时地

转移到缩微品或纸上，不再使用计算机软硬件进行读取，这种方法可以避免软硬件技术过时带来的读取困难。

2. 安全性的管理保障

实现信息安全的落实手段就是"安全管理"。除了采用技术手段对数字信息的安全加以维护之外，我们还需要强化信息管理，使制定出的管理措施、管理标准更加合理、严密，这样才能切实保护数字信息的真实、完整、可靠。

（1）加强数字化档案的宏观管理

档案数字化工作具有很强的技术性、综合性和专业性，因而在开展过程中，必须统一思想、强化领导，进一步建立健全组织机构。例如，建立专门的档案数字化、信息化、网络化协调组织机构，组织国家档案信息网络的总体设计与技术攻关，加强档案信息网络一体化的宏观管理。我们要将档案数字化工作纳入科学管理体制，将其作为机关管理工作一部分，对其工作分工和管理权限进行明确。

（2）建立健全管理制度体系

想要保证数字化档案信息安全，就必须将建立健全管理制度体系作为一项重要措施，认真加以落实。为此，我们应当制定下列规章制度。

①人员安全管理制度。包括安全培训制度、安全审查制度以及岗位安全考核制度等。

②文档管理制度。对已经存储的数字信息依照非保密、秘密、机密和绝密等进行密级分类；将所有机密信息、敏感信息进行加密，在安全环境中进行脱机存储，严防出现信息被窃听、变更、毁坏等问题。

③系统运行环境安全管理制度。包括自然灾害防护、环境条件保障管理、电磁波与磁场防护、防护设施管理、机房出入控制等。

④应用系统运营安全管理制度，包括应用软件维护安全管理、操作权限管理、应用系统备份管理、操作规范管理、操作安全管理、操作恢复管理、操作监督管理、操作责任管理等。要严守技术关卡，防止出现文件被人为修改等问题，进一步增强电子文件的可靠性、凭证性。

但同时，我们也要看到，计算机技术领域中有时是"道高一尺，魔高一丈"，正是在那些破解与反破解、侵入与反侵入的斗争中，计算机技术才能不断提高。所以，不论技术如何发展，我们都要时刻落实好管理制度，使之成为重要保障。

（3）建立档案数字化工作的档案

数字化工作档案形成于档案数字化过程之中，是被作为原始记录保存起来的以备查考的文字、相应的规章制度、档案真实性证明、生产作业单、各种维护记录、授权加工证书等。档案的数字化工作有着很强的综合性，而随着档案数字化工作进程加快，我们必然要以国家和本系统制定的档案数字化标准为指导，以本部门实际情况为基础，制定出各种规章制度和数字化工作规划、计划、总结等文件。这些文件具体反映着档案数字化工作的推进情况，并对取得的实践经验和实际发展状况进行客观记载，对数字化档案有着查考价值，起到凭证作用。因而，我们也要对这些文件进行及时归档保存。

只有将数字化工作档案建立起来，我们才能对数字化档案的合法性、凭证性、有效性加以证明。同时，"建立档案数字化工作档案"，也是实现数字化档案法律地位必不可少的条件之一，对促进档案数字化具有重要作用，这也是档案的凭证作用所决定的。即使档案数字化立了法，在法律程序上也应有一个证明档案数字化的真伪问题，档案数字化工作档案恰恰可起到这一证明作用。

3. 安全性的法律保障

其一，要加强安全法规建设，提高执法水平。数字化档案信息的安全保护，除了技术手段和管理手段外，还需要法律建设，以法制来强化信息与网络安全。因此要加强网络规划与建设、网络管理与经营、网络安全、信息安全、计算机犯罪、电子文件法律地位等方面的立法与执法工作，严厉打击数字化犯罪。要不断建立健全现有的法律体系，保证档案数字化建设有法可依，有法必依，执法必严，违法必究。

其二，要加强法制宣传教育。就目前而言，我国存在档案法制整体水平不高的问题，并且社会的档案法律意识普遍较低。所以，我们必须大力加强相关法制宣传教育，可以采用多种形式，如电视、报刊、广播、讲座、咨询等，提升社会大众的档案法律意识和安全意识。

第三节 档案数字化建设问题及对策

一、档案数字化建设存在的问题

档案数字化建设工作开展过程中难免会遇到许多问题与阻碍，分别归纳总结如下。

（一）档案实体过多

在传统的档案管理模式中，档案的类型往往与企业、事业单位的日常工作类型密不可分。对于一些档案信息产生数量多的单位而言，其数字化建设往往存在一些难度。比如，学校就涉及日常教学、管理、信息招录、学生信息，甚至还涉及财务、科研资料与会议记录等，多种不同类型的内容都会体现出一定的管理复杂度。常规管理模式中对于资源的综合利用率关注较少，但是随着档案数字化建设工作陆续开展，大量的资料被反复利用，所以管理内容的丰富度直接导致了档案数字化建设的高难度，也成为目前档案数字化建设过程中亟待解决的问题之一。

（二）档案载体多元化

伴随着信息技术的快速发展，目前各单位管理也受到了不同程度的影响，其中档案内容不再局限于纸质管理模式，而是以大量电子档案资料多元化方式予以呈现。另外，视频、音频载体都会出现在档案管理活动当中，传统的管理模式已经不再适应现实管理的需求，而数据收集、整理与存在等流程的应用则体现出不同的需要。整体来说，这对于管理控制环节提出了更高要求。

（三）档案内容较为分散

从档案内容的选择方面进行分析，档案内容数量多、内容分散会导致多部门协调管理的难度增加。受到资金投入与技术团队建设等方面的影响，大部分档案管理工作难以实现统一，总是有部分部门的档案采取独立管理模式，这样就会导致档案分散，难以进行统筹。除此之外，即使是同一单位中，不同的部门之间也会存在档案管理标准上的差异，不同的管理标准会导致档案内容的复杂度增加，给档案数字化建设带来新的负担。

（四）档案数字化建设缺乏统一性

由于具体的组织档案管理工作具有一定的范围限制，缺少与社会机构的交流和沟通，且档案管理部门对档案数字化建设存在着不同的理解和认识，从而导致档案数字化建设工作中存在各种不同的标准，为档案数字化建设带来很大困扰，对档案信息共享目标的实现造成严重影响，同时也不利于档案信息的安全。为彻底解决这个问题，我们应根据实际情况确保档案数字化建设标准的一致性，不断提升档案信息的使用价值，最后达到档案信息资源共享的目的。

（五）档案数字化建设速度有待提升

在传统档案管理工作中，庞大的资料文件和海量的档案信息为档案管理工作带来很大困扰，导致档案管理工作效率较低，难以实现提升。而有了信息技术的支持，档案管理从传统的纸质文件管理转变为如今的信息化管理，从前存在于文档管理工作中的问题也迎刃而解。由于在档案数字化建设过程中，各部门之间对工作缺乏一致性的认识，使得档案数字化建设成果出现差异，并且部分档案管理部门由于存在资金不足问题，仍然使用传统纸质管理方式，很大程度上阻碍了档案数字化建设的进程。

（六）对档案数字化建设的认知程度不够

近年来，档案数字化建设理念虽然已被提出，数字化建设工作也已经开展，但其中仍然存在很多问题，主要原因是档案数字化建设工作人员没有深刻认识此项工作的重要性，对其缺乏全面分析和充分考虑，在具体工作过程中缺乏创新，对档案管理工作水平和质量造成严重影响。要想改变现状，工作人员需要及时转变传统观念，充分认识档案数字化建设的重要作用，在具体工作中积极创新，不断提高对档案数字化建设的重视程度，从而不断加快档案数字化建设进程。

（七）人员队伍质量参差不齐

档案数字化建设属于一项系统工程，其对于所有参与者的技术水平、业务能力都具有一定要求。目前，即使是专门设有档案管理部门的单位，人员的业务水平也存在参差不齐的情况。甚至一些单位没有专门设立档案管理部门，这进一步增加了档案数字化建设的难度。

二、档案数字化建设的可行性对策

（一）全面认识档案数字化建设

档案管理工作人员必须全面认识档案数字化建设，了解此项工作的重要意义，充分发挥档案数字化建设的重要作用，这是实现档案数字化建设的关键。首先要制定统一的档案数字化建设标准，其次要确保工作人员对档案数字化建设有正确的认知，最后有关部门要不断加大资金投入，加强对信息技术的应用，积极引进先进设备，保证所有建设工作能够顺利进行。只有这样，才能有效提升我国档案管理工作的质量，同时促进我国档案管理数字化建设的健康稳定发展。

（二）科学筹划档案资源数字化

为了更好满足档案数字化建设需要，体现档案数字化建设的优势与价值，档案管理者需要特别做好数字化架构的科学筹划，积极改善管理者对于传统档案管理理念的认知，通过提升关注度的方式确保人力、物力、财力资源的配置能够得到充分支持，确保档案数字化建设工作能够得到基本保障。除此之外，还需要进一步做好档案馆藏内容的整合，结合数字化建设需要确保针对性方案目标，实现科学规划、流程控制与管理。

（三）搭建档案信息管理服务平台

开展档案数字化建设能够有效提高档案管理工作水平，提升档案信息的安全性，对实现资源共享目标有很大帮助。因此，档案管理部门应加强对网络信息技术的应用，利用网络信息技术创建档案信息管理工作平台，为各部门之间的交流和沟通提供便利，制定出一套科学规范的数字化档案建设标准，让档案管理工作人员在进行档案信息管理时作为参考依据。另外，在创建档案信息管理工作平台的过程中，还要注重平台内容的丰富性和多样性，结合档案数字化建设的具体情况，合理设置并调整档案分类、档案检索和交流沟通的模块。通过信息化平台的建立，还能让档案信息使用者更加快速地找到需要的资源，提高信息搜索效率。另外，用户在搜索信息时不再受到空间和时间的限制，各部门之间能够进行全面合作，实现档案资源共享目标，还可以为用户提供异地查询服务，从而让档案信息的利用效率得到很大提升。

（四）采取统一档案数字化标准建设模式

统一档案数字化标准建设模式也是档案数字化建设过程中重要的技术路线之一。借助于档案管理资料最优化管理模式，档案工作者需要采取统一的管理标准，确保规范化管理的流程要求。单位要充分理解国家颁布的相关技术标准与规范要求，结合本单位档案管理的实际需要对流程与内容进行优化、升级，做好发展技术规范与标准化构建，切实满足档案管理体系的构建需要，这样才能够更好满足整体建设的目标，推动档案数字化建设工作的顺利开展。

（五）优化数字化档案建设机制

为了确保档案数字化建设工作的正常开展，需要建立一个功能比较全面的管理系统。管理系统的创建过程涉及的工作数量较多，如数字化档案备份、档案资源扫描、档案资源整理和系统架构设计等。具有较好兼容性能的系统软件可以为此类工作提供很大方便，优化工作环节，节省工作时间，从而促进数字化档案管理工作的顺利进行。同时，相关管理部门应加大投资力度，科学应用先进设备，促进档案资源数据库的建设进程，为档案信息的储存和保护提供可靠保障。对于档案管理工作人员来说，需要了解掌握双服务系统的使用方法，应用高速扫描仪器把纸质档案文件中的信息内容转化为数字信息保存在系统中，并做好文件资料的备份工作，为电子档案的安全性和信息的保密性提供保障，这样就能大大提升档案资料的利用效率。

（六）推动档案数字化资源共享

推动档案数字化资源共享，基本工作是资源库的建设。在档案基本资源库建设过程中，需要处理好数据库建设、档案目标建设、全文数据库建设与多媒体数据库建设等多个方面的问题。为了提供更为高效的管理流程，还需要做好特色资源库的建设与规划，满足基础信息数据与综合管理数据控制要求。一些特色资源数据库更需要结合单位实际的运行管理需要与管理流程特征，关注档案管理的信息化流通方案，这样才能够确保数据库的构建水平。从单位内部来看，各部门之间的工作往往存在相互独立甚至各自为政的情况，如果不进行资源的协调安排，很容易出现矛盾冲突或者不服从档案管理人员管理的问题，影响档案数字化建设效果，阻碍信息资源的共享。为了避免该类问题的出现，需要进一步改善资源综合利用水平，构建能够覆盖范围更广的档案管理体系，在实际管理过程中做好结构优化，满足资源共享与全面应用的需要，为行业的可持续健康发展创造良好条件。

（七）强化档案数字化建设队伍的构建

进一步改善数字化队伍建设，确保档案管理质量才能够满足档案数字化建设体系的构建要求。目前来看，档案数字化建设工作开展过程中人才队伍构建不合理问题十分突出，为了解决该问题需要做好两个方面的具体工作：一是关注专业人才的引进，构建长效人才引进管理机制，借助专业人才引入来实现新鲜血液的持续补充，确保队伍的组织合理性；二是对现阶段管理队伍进行业务培训与升级，可以通过邀请相关领域的专家进行专业技能培训与技术指导方式来对队伍进行重构，提升人员专业技能水平，满足先进管理理念与管理技术的发展需求。为了体现队伍构建的优势与价值，需要进一步做好绩效考核评价管理体系的构建，为那些能力强、工作劲头足的员工提供广阔的晋升空间，从而调动工作人员的工作热情与上进心，满足其可持续发展的客观需求。

（八）为档案数字化建设创造稳定的工作环境

档案数字化建设工作也要兼顾好工作人员的需求，创造良好稳定的外部环境。客观上看，档案数字化建设工作的核心是提供更稳定、高效的档案管理服务，确保工作的效率与针对性。但是，在这个过程中需要特别处理好工作环境的构建问题，否则在数字化进程中可能会遭遇风险与压力，甚至会导致大量的信息外流，给单位带来风险。为了解决这一问题，一定的安全网络构建是必不可少的。目前，网络安全管理主要涉及基本的网络控制与管理系统安全两个层面。网络安全主要涉及防火墙、服务器、网关以及路由设备等，这些设备的管理需要基于一定的网络病毒安全防范工作，切实处理好杀毒控制目标，解决好病毒入侵检测的相关问题，提升档案管理传递过程中的安全性。在出现安全风险时，设备就会启动入侵检测技术来解决网络风险，甚至可以采取自动化防御控制模式来对风险进行合理规避。档案管理系统的构建则应该集中处理好服务器的运行环境问题，包括防火、防电、防盗等方面的基础条件，优化科学设置与访问安全策略的管理，对数据系统进行合理构建，以此确保系统漏洞能够及时被发现和清除，更好地适应档案数字化建设的需要。

第四章 档案管理数字化发展

科学技术的不断发展与进步对档案管理也有着较大的影响，目前档案管理已经由传统的纸质档案管理向数字化档案转变。档案管理工作是一项重要的业务，它是记录单位或个人工作、科研、学习的重要信息文件，为单位决策、人才引进、科研立项等方面提供了重要的参考依据。在数字化档案管理模式发展进程中，人们在享受数字化档案带来优越性的同时，势必面临一些问题。本章主要论述档案管理数字化发展，内容包括对档案管理数字化的基本认识、档案管理数字化发展存在的问题和档案管理创新发展的策略。

第一节 档案管理数字化基本认识

档案对于个人来讲，记录着个人的重要信息，记录着一个人的求学、工作经历以及成就，是用人单位进行人才录用与管理的重要参考；档案对于用人单位来讲，记录着一个单位的发展历程与重大的事件，不仅关乎着本单位未来的发展方向、管理模式，而且关乎相关部门检查的进程与依据。档案对于个人与单位都有重要的指向意义，我国正在逐步建立档案管理体系，在2006—2010年的"十一五"期间，数字化档案管理工作已经得到重视并且取得了一些成效，比如数字档案馆的建设与投入使用。档案的数字化管理过程不是一个简单的、可以迅速完成的过程，需要循序渐进地建设，不能操之过急。

一、档案管理数字化是发展的趋势

不同于现在的信息时代获取资料的渠道，传统的知识学习与获取资料的渠道就是书籍、报刊。在科技不断发展的今天，通过信息技术不断发展进步，人们获取知识与资料的渠道也在不断增加，多媒体技术、数据库的建设以及网络技术的更新进步使得人们获取知识也更加快捷和方便。大数据时代、信息时代下的用人单位紧跟时代发展的潮流，不断更新管理方式与沟通方式，其中最为典型的就是电子文件的使用。为了适应社会不断发展的步伐，全程管理的定义被提出，其指的是用人单位的各个部门在业务上保证无缝衔接的一体化管理，保证单位信息的完整性与延续性，保证工作效率。这个理念的提出就是适应电子文件在用人单位的应用。为了适应信息时代的发展，2015 年国务院印发《促进大数据发展行动纲要》，该纲要明确提出要加快大数据的部署，深化大数据的应用，数据资源已经成为国家的基础性的战略资源；2016 年国家档案局印发的《全国档案事业发展"十三五"规划纲要》也为进一步加快档案管理数字化建设提出了要求，明确了档案数字开放计划；2018 年国务院印发《科学数据管理办法》，进一步明确档案数字化管理的责任主体以及与其相关的一些政策与规定。据此可知，档案管理也要随着互联网的不断发展而不断更新管理方式，国家的治理能力的发展也涵盖了档案管理的数字化建设，传统的档案管理向档案管理数字化发展的趋势已不可挡。

电子档案相对于传统的档案具有便捷、存储量大、时间长、不易损坏、安全性高等特点，而且管理起来方便，价格也更加便宜。档案管理的数字化就是将各种数据信息储存在一起，形成数据库，人们可以根据检索来查找所需要的信息，实现信息的管理与共享。当档案管理与互联网相结合，就会形成档案的信息数据库，该库具有静态页面存储以及多媒体资源点播的特征。这些优势能够促使档案管理向数字化发展，从而更好地促进档案行业的发展与进步。

二、档案管理数字化发展的必要性

档案在人们的生活中有着重要的作用，记载着生产生活中的重要事件以及相关信息，这些不仅是历史的记录，而且是未来方向的依据。传统的档案管理有以下弊端：一是大部分是纸质材料，这种材料在保存时比较费时费力，而且不方便查找；二是纸质材料受限于材料，在经过长时间的使用与保存后可能会出现破损、发霉等情况，使纸质资料遭到破坏，数据受损；三是纸质材料的保存需要很大的空间，而且受限于时间因素。相对于传统的档案管理，数字化的档案管理具有很大优势与作用：一是存储量多、不占空间，数字化的档案管理将文件进行扫描上传到互联网数据库，存储量不受限制；二是可以快速、便捷地查询档案，不受时空局限，互联网的一大优势就是打破了时空的局限，数字化的档案管理，使得档案的查询与管理更加的便捷；三是后期的维护比较简单，不需要费时费力；四是可以用互联网技术实现区域的档案共享，方便档案的使用。随着互联网的不断发展，档案管理的数字化趋势会更加明显和成熟，最终会朝着多元化、开放性、安全性、高效性、先进性的方向发展。

三、档案管理数字化的先进性体现

随着科学技术的不断发展，各行各业都逐渐朝着数字化方向发展，以谋求更好的经济效益和更优质的社会服务。档案管理数字化也同样具备诸多先进性，具体表现如下。

（一）有效提高归档管理

随着自动化办公与管理成为发展的主流趋势，各单位在日常工作和管理过程中形成了大量电子文件，成为记录各部门真实活动的"有效记忆"，其信息内容具有较高的保存与利用价值。电子档案管理具有高效、快捷的特征，这种特征体现在多个方面。一是只需要在检索栏准确输入关键词，短短一两秒钟之内，用户就能找到自己需要的电子文件；二是在网络传输技术的支撑下，电子文件的利用率得以提升；三是电子文件实现了多种类型信息的集成化，除了最基本的文字以外，还包括音频、视频、图片等内容，能使人更加准确、全面地了解问题。总之，与纸质文件相比，电子文件独具优势，档案管理也应该紧紧跟随时代发展步伐，向着标准化、数字化、系统化的方向发展，完整无损地保存这些电子文件。

（二）延长档案的保存周期

档案管理部门管理的档案随时都会添加新的材料，存取频繁，因此容易引发档案的破损，使得纸质档案保存生命周期有限。采用数字化技术将档案数字化、信息化，可以提高档案的保存容量，延长档案的保存生命周期。

（三）提高档案管理的工作效率

以往对于各种档案的管理，往往采取的是人工采编、整理、归纳、存取，不仅工作效率低下而且可能会出现纰漏。采用数字化管理就可以大大降低人工的工作量，减少由于人工操作出现的漏洞。档案管理人员在对这些电子文件进行管理的过程中，每接收一份文件，就应该适时对其进行分类，不仅要标注主题词，还要标明文件号、档案号、分类号。后期用户要查找或使用这些文件，只需要提供主题词、档案号等信息，就能快速找出相应的文件，帮助档案管理人员卸下沉重的工作负担，降低其劳动强度，使他们能将更多的精力用于提高管理质量上。利用先进的计算机与大数据技术实现企业档案数字化的管理，可以有效提高档案管理的工作效率，大大缩减档案数据采集、档案归档、档案编制的时间，还可以保障档案资料的完整全面和准确无误，并极大减少企业档案管理需要的财务成本和空间成本，实现对档案更好、更全面的管理。

（四）提升工作人员整体素质

伴随着办公自动化的普及，在日常教科研管理过程中，生成了许多电子文件，这些文件是后续科研教学的依据与素材资料，保管好这些素材与资料也成为档案管理工作的重点。由于电子档案的管理是互联网发展的产物，与传统的档案管理不同，这就需要档案的管理者在巩固固有知识体系的基础上不断与时俱进，学习新的档案管理知识，建构完善的档案管理数字化知识体系，利用互联网技术成果为档案管理服务，如计算机软件的使用技术、设备维护技术等。同时，档案管理是一门综合性学科，却也属于边缘学科，涵盖面广、涉及内容多。在电子档案应用中形成了对档案管理工作人员素质的新要求，即要求档案工作人员具备良好的职业修养，高度的责任心，较强的服务意识，较高的信息素养和信息服务能力，努力为各个部门工作的顺利开展提供服务，切实提高档案管理水平。

（五）提高档案管理的安全性

在以往的档案管理工作中相关人员对档案的保密工作重视不够，这就容易导致泄密风险。数字化档案管理可有效解决这一问题，对加密性档案的管理再也不是依靠封条进行保密管理，而是通过数字加密手段极大地提高档案管理的保密性与安全性。在数字化档案管理中，也将引入密码技术、防火墙技术等信息安全技术，信息安全技术的引入对于提升数字化档案管理的安全性具有重要作用。在实际的操作中，可以对企业的档案管理工作进行独立管理，根据企业保密管理的相关要求，对数字化档案进行保密分级管理。并将进行档案管理的电脑接入档案管理专网，引入专业加密、数字化备份、添加水印等功能，最大限度地保证档案资料的安全性。

第二节　档案管理数字化发展存在的问题

一、缺少资金的支持

任何一项工作的开始建设都需要资金的支持，档案管理的数字化建设也是如此，只有保证充足的资金投入才能购买所需的设备、技术，才能建设数字化管理人才队伍。但是互联网的快速发展也造成技术、设备的更新换代速度加快，使用的周期在不断缩短，加之设备的费用较高，需要资金的大量投入。设备的磨损也是需要考虑在内的，因为数字化档案管理涉及全社会，使用者多，会加大设备的磨损，设备更新换代速度就会加快，这也需要资金的支持才能保证设备的正常运转。档案管理的数字化建设离不开先进的技术与设备，这样才能不断加快数字化建设的进程。首先要在数字化建设过程中保证网络链接环境的稳定，网络环境必须达到可以支持信息稳定传输的要求。但是就目前的情况来看，相关单位在信息数字化建设方面并没有增多资金投入，可能是受到自身或者某些因素的影响，一些设备功能老化，甚至已经过时。这样就很难实现大容量的网络信息传送，无法达到管理档案数字化的目标。除硬件方面比较落后外，软件方面也比较落后，比如技术的落后，软件技术的落后使得档案管理工作者没有先进的工作系统，无法快捷处理文件，从而使档案管理的数字化进程受阻。

二、管理规范和标准体系不统一

档案管理的数字化发展需要有严格的管理规范与体系，因为档案管理的数字化要求有较高的处理操作技术、较高的安全性操作。档案管理的数字化要求有统一的标准和严格的管理规范、体系，以此保证档案管理工作顺利开展，但是由于当下的档案管理缺乏这样的规范与要求，管理体系不健全，忽视管理制度建设，导致档案在数字化进程中的信息收集、归类、入档、共享等环节进度缓慢，还出现各个地区档案数字化进程不一致的现象。

三、管理人员综合素质有待提高

档案信息数字化需要有专业的人才，不仅会使用现代信息技术，还必须要懂得如何进行档案管理，如何管理好队伍建设，所以在对档案管理人员的聘任方面有很高的要求。目前的档案管理队伍，整体来说专业能力比较差，根本没有接受过专业的训练，所以在工作的时候不但没有将档案信息数字化的优点发挥到最大，反而还减慢了档案整理的时间。对于档案管理部门来讲，也没有看到档案管理在当下社会中的重要性，他们认为档案管理是无关紧要的工作，这就会导致档案管理对于单位工作顺利进行的重要作用发挥不出来，使得工作进程缓慢、不顺利。档案管理人员没有专业性学习档案管理的知识，管理意识比较差，缺乏积极主动性，导致档案管理工作效率不高、档案信息更新速度慢，使得使用者体验较差，影响使用者工作效率，不能发挥档案管理工作对于社会发展的重要作用。

四、档案管理数字化程度低

我国档案管理数字化还是起步阶段，数字化建设的质与量还没有那么高。针对当下我国依旧沿用传统的纸质档案管理模式以及档案管理数字化程度低的问题，我们的首要目标就是保证档案管理数字化覆盖，完成量的积累。如今，在进行档案管理数字化的过程中出现了一些问题：一是虽然有些部门已经在推进数字化管理，但是没有形成相应的体系、没有统一规范流程可以参照，导致出现档案管理数字化进程参差不齐的现象；二是档案管理的数字化进程中出现了档案缺失、档案信息不安全、档案信息混乱等问题，导致数字化进程缓慢；三是档案管理的部门间没有沟通交流与合作，各自独立建设档案管理的数字化，有自己的档案管理系统，不利于各部门进行信息和档案的共享。缺乏沟通会导致各个部门的档案资源处于分散的状态，不仅不能整合档案资源而且还可能造成档案资源的重复浪费；四是数据库建设不全面，大部分只是目录的检索，详细的信息没有收录，不能查看整体数据，导致数字化建设不全面、信息不完整；五是对于档案管理的数字化建设缺乏统一的标准和系统的管理规范，导致各个档案管理部门建设的数字化档案不能满足档案使用者的需求。当下我国的档案管理数字化进程缓慢，数字化程度低，只有解决这些问题才能真正推进数字化建设进程。

第三节　档案管理数字化创新发展的策略

一、增加建设资金的投入

不断加大建设资金的投入有利于档案管理部门及时地更新数字库与数字系统，实现信息技术的更新进步，保证档案管理的数字化创新发展。数字库的建设是档案管理建设的重要基础和基石。在推进数字化管理的过程中，需要良好的基础设备和系统软件，同时引进先进的硬件设备。互联网的不断发展使得档案管理的软件设施与硬件设施更新换代的速度加快，档案的载体也会随之发生改变。因此，只有不断加大资金投入，才能保证档案管理的数字化进程中有先进的基础设施（如计算机、网络系统等）作为保障，促进数字化进程。拥有足够的物质保障才能推进档案数字化管理的发展。需要注意的是，在选择数字化信息系统的时候，不仅要考虑该系统的全面性、便捷性、灵活性，还要考虑该系统的操作性，使档案管理者可以进行准确、便捷操作。

二、深化对数字化档案管理的认识

加强档案管理部门的思想引领，让领导和员工的思想与时俱进，同时要明确认识档案管理在当今社会的重要性。传统的档案管理只是对档案进行整理与保存，档案管理的数字化要求不仅涉及档案的管理和保存，还对档案的提取速度、档案的全面性以及档案的可使用性提出了更高的要求。面对新形势，档案管理部门需要在思想上改变以往的档案管理思想和模式，及时地更新档案数据，不断完善档案数据库，为档案使用者提供更好的服务，实现档案资源的整合和利用。

三、完善管理机制和管理理念

健全的管理制度，有利于档案管理工作更加标准、更加规范，推进更加顺利。但是任何一项工作的开展中都会存在一些问题，这是不可避免的，档案管理的数字化建设过程也是如此，只有在不断的问题解决中才能优化建设。因此，要建立健全档案管理制度与监督制度，以此保障数字化建设的开展。首先，档案管理工作需要建立完善的、严格的管理规范，使管理者明确档案管理的职责，让工作人员时刻遵守工作要求，每一个环节都按照制度标准来进行。其次，应该建立一个专门对于档案管理制度监督的小组，这样可以更好地监督工作人员的工作情况，提高工作人员的工作效率。最后应该将工作程序简单化，使档案数字化管理者可以进行便捷、高效的操作，提高工作效率和服务质量。只有建立完善的、严格的管理制度与规范，才能保证档案管理的数字化稳步推进。综上所述，只有树立正确的、积极的档案管理意识，不断完善、健全制度建设，不断加大资金的投入力度，才能稳步推进档案管理的数字化建设，保证各项工作的顺利开展。

四、提升电子档案管理安全性

首先，各单位领导应从硬件和软件层面对电子档案管理系统予以升级，确保其安全性。定期对电子档案文件进行整合和多重备份，避免出现因软硬件损坏而造成档案信息丢失。完善电子档案管理的安全保障体系建设，包括数字认证、病毒防范等各个方面，这些方面均应增加权限限制，防止出现人为恶意窃取档案资料的状况。其次，档案工作人员在进行电子档案归档、整理以及管理工作过程中，必须严格按照规范的操作流程进行。各单位应开展档案工作人员岗前培训，强化职业道德教育，确保其电子档案管理操作流程的规范性，避免出现文件损坏或文件丢失等问题。同时，也可以有效地防止因人为原因造成的档案遗失或档案遗漏等问题。除此以外，对于档案室的日常管理活动也要十分重视，不仅要制定相关的管理制度，也要加强相关监督制度的执行力度。电子档案的管理可以根据档案的珍贵程度进行管理，涉及重要的、珍贵的档案要及时进行存储、备份，不断优化异地备份的政策与程序，进而保证档案工作的连续性和安全性。

五、建设数字化档案管理信息系统

当今社会，档案资源也是一项重要的战略资源。因此，加强档案管理的数字化建设就是要不断整合、开发、利用好档案资源为社会发展服务。第一，建设数字化档案管理信息系统，以构建档案信息数据库为基础，利用数据挖掘、机器学习等新兴信息技术对档案资源进行深度挖掘与处理，激活传统档案资源的信息活力，提升档案资源的潜在价值。第二，建设数字化档案管理信息系统，以业务为导向、满足日常使用所需各项功能，同时可以兼容各种类型的软件端口，实现与不同档案信息库的连接和共享。第三，建设数字化档案管理信息系统，以快捷的网络传输为基础，通过构建档案信息传输网络，实现档案数据的异地传输和使用，从而打破档案利用上的时间和空间的限制，极大地提高档案使用的广泛性与时效性。第四，建设数字化档案管理信息系统，设计丰富、便捷的查询、检索、智能问答、知识图谱等功能，促进各种高新技术在高效的档案管理中的应用，实现档案信息的集成、融合、利用与共享，提供更加优质、便捷的档案信息与服务。

六、提升管理人员综合素质

时代对于人才的要求，不仅仅是单方面专业能力的要求，更多的是对复合型人才的需要。对于档案管理人员的工作要求不仅仅是会使用现代信息技术，也需要其具备较强的档案数字化管理能力。

一方面档案管理部门要加强对现有档案管理工作人员的专业培训，定期举行培训活动，不断加强工作人员的工作能力、职业道德与修养，更新相关的档案数字化管理知识。作为档案管理的工作人员，需要不断加强自身的档案管理专业能力，不断适应档案管理的数字化进程，提高操作能力，要积极遵守国家对档案管理的规定与管理。

另一方面档案管理部门也要积极地引进人才，尤其是档案数字化管理专业的复合型人才，既有档案管理的专业知识也具有计算机的专业知识和操作能力。不断加大档案管理的人员队伍建设，提高工作人员的素质，打造一支高素质、高水平、高精尖的工作人员队伍，档案管理数字化的发展就会不断地向更好的方面发展。

第五章　档案数字化管理分析

本章主要是对档案数字化管理进行分析，主要内容包括档案管理数字化转型、档案管理信息系统建设、档案数字化管理的要点分析并以医疗档案管理为例对其应用进行分析。

第一节　档案管理数字化转型

一、档案管理数字化转型的背景

1. 档案管理数字化转型已全面展开

档案管理的数字化转型，是指将传统档案管理方式中以纸质文档管理为主导的模式全面转向以数字化、网络化为主导的管理模式。数字化档案管理涵盖了档案文件的产生、获取、加工、存储、利用、销毁的整个生命周期。随着移动互联网的发展及数字化时代的来临，档案管理数字化转型主要体现在两个方面：存量纸质档案数字化和增量档案文件电子化，即将原来的纸质、声像、图片等档案文件通过数字化加工手段进行数字化，新增档案文件在纸质建档的同时以电子档案形式归档、管理。

2. 国际上档案管理的数字化转型已明确时间线

在国际档案管理领域，相关的数字化转型已有了实质性的进展，各国相关政策中都提出了数字转型的时间节点，大致为 2016—2022 年。NARA（美国国家档案馆）制定了支持联邦机构档案数字化管理转型的政策和流程。2019 年，美国联邦机构的档案文件要求采用数字化形式保存所有文件；2022 年，美国国家档案馆档案保存管理只接收数字化格式档案，并要求配备元数据文件；2022 年 12 月 30 日，所有档案管理机构必须关闭非电子化档案文件的存储场所。在加拿大出台了

《数字化 2017》明确规定了 2017 年 4 月 1 日以后，所有可以存档的文件都要以数字的方式存储在加拿大国家档案馆（LAC），业务管理的流程中都将以数字化档案作为管理对象；芬兰则制定了"数字化 2020 战略"，在整个生命周期中以电子方式存储，实现完全电子化管理环境；日本则是实行行政文书的全程电子化管理及保存。

3. 我国"单套制"管理的试点已展开

在 21 世纪初，为了适应互联网的不断发展，我国提出了电子文件管理实行"双套制"。2012 年以来开展了全流程文件电子化管理的试点，主要集中在政务、财会管理方面，明确要求了在一定领域和范围中实行"单轨制"。具体政策如表 5-1-1 和表 5-1-2 所示。

表 5-1-1　我国政策雏形

时间	政策	相关规定
2015 年	《会计档案管理办法》	在一定条件下，单位内部的电子会计资料可以以电子的形式进行留存，生成电子档案
2016 年	《全国档案事业发展"十三五"规划纲要》	部分部门可以根据自身条件，实行电子单套制即存储以电子形式和单轨制，不需要纸质档案
2016 年	《电子文件归档与电子档案管理规范》（GB/T18894-2016）	不再实行"双套制"
2018 年	《机关档案管理规定》（13 号令）	以下文件可以只使用电子存档、归档：一是不具有永久保存价值的；二是不具有其他重要价值的；三是无法转化为纸质文档的
2020 年	《关于做好 2020 年度国家基本公共卫生服务项目工作的通知》（国家卫健委、财政部、国家中医药局联合发文）	在医疗领域推进电子健康档案管理的建设，可以根据各地区情况在 2020 年底逐步取消纸质档案

表 5-1-2　部分地方性政策

时间	政策	相关规定
2016.12	《关于加强中国（上海）自由贸易试验区电子文件和电子档案管理的指导意见》	上海要求在自贸区内开展单套的档案管理制度实践工作，提高档案管理的数字化水平
2017.1	《浙江政务服务网电子文件管理暂行办法》	浙江省政务服务网的电子文档的安全性、高效性、连续性、可控性的管理，保证对电子文件的形成、办理、分类、归档、移交、保管的各个环节的有效管理
2017.3	《浙江省公共数据和电子政务管理办法》	浙江省的行政机关可以单独使用电子档案管理
2020.9	上海高院召开电子卷宗混合单套制改革试点推进会	卷宗要以电子档案为唯一的归档方式，有需要的纸质原件以电子附件形式进行归档

2019 年 4 月 26 日，国务院 716 号令《国务院关于在线政务服务的若干规定》的发布标志着我国档案管理的数字化转型全面开启，明确电子签名、电子印章、电子证照等数字化的档案具有法律效力。2020 年 3 月 26 日，国家档案局、国务院办公厅、国家电子文件管理部联合发布《关于开展电子文件单套制归档和电子档案单套制管理试点工作的通知》标志着档案管理"单套制"在我国正式实行。单套制的试点工作涉及的单位包含上海市大数据中心等 30 多家单位的电子文件的"单套制"归档、管理，时间为 2020 年的 5 月到 2020 年 12 月底。为了适应数字化档案管理的发展趋势，在 2020 年 6 月 20 日，新修订的《中华人民共和国档案法》增加了"第五章档案信息化建设"，其中详细列举了七条有关电子档案管理的规定，为档案管理数字化转型提供了法制法规支撑。档案信息化被纳入国家整体信息化发展规划的框架之中，电子档案与传统的纸质档案同样具有法律效力，因此可以作为凭证使用。《档案法》的修订补充，为档案管理数字化转型和"单套制"管理奠定了法律依据。

二、档案管理数字化转型的内容

（一）基础业务的完善和规范

基础业务完善和规范，就是要将档案管理工作的基础工作质量进行提升，主要包括健全档案管理制度、实现档案的集中统一、规范档案管理的业务流程等。这是开展档案管理数字化转型的基础工作，对于后期的档案管理数字化转型具有很大的作用。尤其是一些国有企业，在计划经济向市场经济转型过程中，档案管理工作还没有进行有效的改革，在档案管理的基础业务中，一些事项和流程都比较繁琐，在市场经济环境下也失去了意义。对于在计划经济时期遗留下来的过于繁琐的基础业务，要进行适当的精简，保证档案管理工作基础业务的高效简洁。

（二）存量档案的数字化

存量档案的数字化加工与整理是一项工作量巨大且很繁琐的工作，但也是十分重要的内容。尤其是一些建立时间较长的国有企业，存量档案内容众多，对于存量档案的数字化加工费时费力。不过企业的档案管理数字化转型，对于存量档案的加工是必要的基础工作。在存量档案的数字化加工中，要给予一定的支持，配置较为高端的扫描仪、刻录机等设备，尽可能地降低人工劳动。同时，在存放数字存量档案中，要注意进行科学合理的编号收录，保证档案检索和浏览的方便和快捷。存量档案的数字化属于档案管理数字化转型的重要内容，是其发挥作用的关键所在。

（三）增量档案的数字化

所谓增量档案的数字化指的是对新增的电子档案进行归档、保管形成电子档案数据库。企业在不断的经营和发展中，新增电子档案是档案管理工作很重要的一部分。尤其是业务较为多样性的国有企业，新增电子档案的内容也十分丰富。在进行增量档案的数字化管理中，要根据业务的轻重缓急来进行电子档案的归档。在新增电子档案的归档中，要注意对新增档案的归档程序的建设，使电子档案的程序尽可能地通过线上来进行。增量档案无论是在档案的内容形式还是流程形式上，都应彻底实现数字化的转型。

（四）数字档案馆的建设

中共中央、国务院下发的《"十四五"全国档案事业发展规划》中提出：要不断地推进档案管理的工作，使各机关企事业单位和各团体组织的电子档案管理系统相互衔接。可以利用互联网的技术，建设数字档案馆，通过对档案资源的收集、分类、整理、归档、保存达到对档案资源的整合，提高利用率，提高使用者的服务体验。通过推进档案资源的共享进程与整体化、规范化建设，可以有效实现档案的数字化建设，并且实现档案服务方式知识化的过程。数字档案馆的建设包括基础设施的建设和制度规范的建设。基础设施就是档案的场馆、计算机设备、存储设备和网络交换设备等场地和设施，是提供档案数字化服务的基础。在规章制度的建设上，除了传统档案馆的基本理念之外，还应该规范数字档案的检索、录入、传输和下载等行为，增加数字信息的权限设定和安全保密等体系建设。

（五）服务能力的提升

提升档案工作服务能力，是在市场经济的社会环境下必须奉行的理念。在传统的档案管理中，档案部门为管理机构，缺乏必要的服务意识。而在市场经济环境下，档案管理要增加自身的服务意识。在进行数字化转型中，档案的数字化建设要以服务用户为基本理念，来确定整体的工作方向。首先，要将被动服务转为主动服务，能够将档案信息进行有序公布，并且通过大数据、云计算等技术，来实现用户的主动检索和推送，来使用户了解档案信息。其次，档案管理部门可以制作推出档案管理平台，这种互联网平台可以由用户登录并且进行档案信息的基本操作，使用户能够更加便捷地进行自己的档案管理。

三、档案管理数字化转型的路径

（一）做好档案管理数字化转型的规划工作

在档案管理数字化转型建设中，要做好统筹规划。

首先，管理层要对档案的数字化建设投入足够的重视，建立以档案管理部门为首，多个部门共同配合的档案管理数字化转型工作团队。其次，档案管理的数字化转型是一项十分复杂的工作，涉及的内容众多，仅仅通过"花钱买机器"这样的理念来进行，是远远达不到要求的。因此，要在档案管理的数字化建设之前，做好统一的规划和部署，建立详细周密的工作计划，确立档案管理数字化转型的工作目标，并且建立专业的人员团队，来集中进行档案管理的数字化转型工作。

（二）协调存量数字化与增量数字化的建设

在进行档案管理的数字化转型中要循序渐进，由易到难来进行。由于经费有限，无法同时开展多种档案数字化转型工作，就需要档案管理部门按照自身发展来逐步进行。存量档案的数字化建设，操作起来比较简单，花费一定的时间就可完成。档案管理部门可以对存量档案数字化建设进行外包，节省档案管理人员的时间，外包服务的人员可以专业和系统的将存量档案数字化进行专业化的制作。对于增量档案来说，工作较为复杂，难度也比较大．可以根据档案管理部门的自身发展，来选择较为熟悉的领域进行数字化转型，以保证档案管理良好的运营。

（三）档案管理个别环节与整体数字档案馆的建设

档案管理数字化转型，要从个别环节到整体档案馆建设的过程来实施。档案管理的整体数字档案馆建设是一个复杂的项目，需要花费一定的人力、物力。因此，要从档案管理的个别环节到整体档案馆的建设来进行效实施。首先，可以在档案管理中，对某些环节进行数字化的转型，如将目录数字化以提高检索效率，或是利用计算机进行辅助分类和排列，来实现部分整理工作的数字化等。在档案管理的数字化建设中，对于个别环节的数字转化，可以进行资源的转化。通过个别环节的数字档案建设，形成有效的整体档案馆的建设，实现档案管理工作的数字化转型。

（四）档案管理电子化与人工智能化的建设

人工智能是未来社会管理的一个主要趋势，对于档案管理来说，其本质上也是信息资源的管理。档案管理的数字化转型，其主要目的是对档案进行更加高效的利用。因此，档案管理的电子化与人工智能化建设是档案管理数字化转型以及未来发展的主要目标。在中共中央、国务院下发的《"十四五"全国档案事业发展规划》中明确提出推进语音识别和文字识别在档案数字化进程中的运用。因此，在档案管理数字化建设中，要广泛利用先进的科学技术，来加强档案信息、资源的信息智能化建设。同时，互联网的发展促使人工智能技术不断发展与进步，在档案管理的数字化建设中，要随时进行新的技术和设备更新，不断提升人工智能的应用效果。

第二节　档案管理信息系统建设

一、数字档案馆

（一）数字档案馆的概念

互联网改变了人们的生产与生活，互联网的蓬勃发展使得计算机技术、数字存储技术获得了飞速发展，数字信息的大量出现标志着数字时代的到来，这也影响着档案的管理工作，基于此，有人适时提出了数字档案馆的概念。

数字档案馆的概念出现以后引起了档案界的兴趣，对此档案界展开了研究与探讨。王宇晖认为，数字档案馆是"一个数字化的信息系统，它把分散于不同载体、不同地理位置的信息资源以数字化的形式存储，以网络化的方式互相连接，从而提供及时利用，实现资源共享"。[①]

傅荣校认为，数字档案馆是"一个电子化信息的仓储，能够存储大量的各种形式的信息，用户可以通过网络方便地访问它，以获得这些信息，并且其信息存储和用户访问不受地域限制。它是把包括多媒体在内的各种信息的数字化、存储管理、查询和发布集成在一起，使这些信息得以在网络上传播，从而最大限度地利用这些信息"。[②]

李国庆认为，数字档案馆是"建立在现代信息技术普遍应用基础上，利用数字化手段，以综合档案馆信息资源为处理核心，对数字档案信息资源进行收集、管理，通过高速宽带通信网络设施相连接和提供利用，实现资源共享的超大规模、

---

① 王宇晖 .21 世纪数字档案馆发展之我见 [J]. 档案与建设，2000（03）.

② 傅荣校 . 关于数字档案馆的思考 [J]. 档案学通讯，2001（05）.

分布式数字信息系统"。[①]

潘连根认为，数字档案馆是"传统档案馆功能的扩大，它以统一的标准和规范为基础，将有价值的馆藏信息资源数字化和通过各种途径收集、捕获的有价值的电子文件信息，在加工处理后以数字化形式进行存贮，并以智能检索技术为手段，提供统一友好的检索界面，利用先进的信息处理技术和互联的计算机网络，向用户提供多媒体数字信息服务"。[②]

2010年国家档案局发布的《数字档案馆建设指南》对数字档案馆的定义是"各级各类档案馆为适应信息社会日益增长的对档案信息资源管理、利用需求，运用现代信息技术对数字档案信息进行采集、加工、存储、管理，并通过各种网络平台提供公共档案信息服务和共享利用的档案信息集成管理系统"。[③]

综上所述，数字档案馆的概念有狭义与广义两种。广义的数字档案馆指的是由众多档案资源数字库、档案信息资源处理中心以及档案使用者组成的一个具有使用、存储、管理功能的信息空间。狭义的数字档案馆指的是档案馆利用现代互联网信息技术，对档案资料进行收集、加工、归档、保管，并利用网络平台进行档案信息的集中管理。

（二）数字档案馆的主要特征

数字档案馆运用数字网络化方式对文件生命周期内所有的实践过程进行有序管理，这其中包含文件的收集、分类、创建、转换、归档、管理、维护等所有环节，还可以使用不同的载体对档案信息资源进行存储与管理，实现网络资源的共享，进而体现档案电子信息服务的现代化与自动化。从数字档案馆的特征来看，主要表现在以下五个方面。

第一，档案资源的信息数字化。要想实现数字档案馆的建设就需要对档案的信息进行数字化加工与处理，使之可以存储到计算机并且可以通过多个渠道、多种方式为使用者提供服务。

第二，网络作为信息的传输通道。数字档案馆的存在是离不开网络的，可以说借助于网络数字档案馆的传输环境数字档案馆才得以现代化。

第三，以用户的信息需求为服务中心。当用户有档案信息需求时，借助于计算机网络系统，在特定的权限范围内即可远程联机浏览、利用信息数据库。用户

---

① 李国庆.数字档案馆概论 [J].中国档案出版社，2003：9.

② 潘连根.数字档案馆的定义及特征——数字档案馆研究之二 [J].浙江档案，2004（04）.

③ 2010年6月，国家档案局发《数字档案馆建设指南》。

只需在家里或办公室的终端前即可获取所需信息，不必亲自到档案馆进行查阅。如果用户在使用过程中遇到问题，只需在线联系档案工作者即可获得帮助。

第四，多种高新技术组合运用。数字档案馆作为多种系统的集合体，涵盖了数字信息保存系统、集成系统与内容管理系统等多种高新技术系统，其管理对象主要为非结构化数据。在运行过程中，数字档案馆除了发挥数据中心与发布利用的作用外，还具备极强的有序处理与集成管理功能。

第五，馆藏容量庞大。网络技术以及数字化技术的发展使得数字档案馆的档案资源容量不断扩充，不仅仅具有光盘的存储形式，还可以将档案信息存储在相关的平台上，方便使用者的使用和各个数字档案馆间资源共享。

因此，根据数字档案馆的特点与监管方式可将其分为三种类型：单一型数字档案馆、区域型数字档案馆、服务型数字档案馆，每种类型的数字档案馆的特点如表 5-2-1 所示。

表 5-2-1　数字档案馆建设方式比较

类型	单一型数字档案馆	区域型数字档案馆	服务型数字档案馆
主要优点	（1）便于信息生产者自身重复利用电子文件，也便于保持文件内容的一致性。 （2）可以刺激组织（机构）进行经费投入以保存自身的电子文件资源，从而减轻档案管理部门的投入压力。 （3）可以减轻因为电子文件数量急剧膨胀而导致的海量数字资源的管理和维护的压力。 （4）可以暂时不需要制定统一的原始文件格式标准。 （5）不存在立档单位对电子文件中心的不信任问题。	（1）由档案馆来保存和管理立档单位的电子文件可以保证电子文件的可靠性和可用性。 （2）档案馆之间的数字资源共享将容易得多。 （3）各档案馆可以按照各自的客户要求提供有针对性的服务。 （4）多个档案馆负责存储数字资源，能够减轻面向海量数字资源管理的压力。 （5）由于管理体系没有做根本的改变，因此没有太多的违法问题。	（1）大大减少了重复建设，节约了建设成本。节省下来的资金可以更好地投入到数字资源的保存和利用中去。 （2）能够更好地执行统一的标准。 （3）各级档案馆不再需要配备大量的人力、物力进行数字档案资源的维护。 （4）可以更好地对技术本身进行跟踪，并及时地实现更新。 （5）彻底改变了管理流程和管理体系，信息技术不再仅仅是档案管理的支撑，而是融入档案业务中。

（续表）

类型	单一型数字档案馆	区域型数字档案馆	服务型数字档案馆
关键问题和挑战	（1）组织（机构）发展不均衡，当电子文件存储和管理成为一种不小的负担时，有些组织机构可能发现负担很重。 （2）有些部门可能只是为了保存而保存，而不能有效地提供对外的访问服务。 （3）对于有些业务数据可能需要开发专门系统来为用户提供服务。因此必须要有法律、法规来确定这种义务。 （4）档案管理部门管理复杂性增大	（1）面临重复建设和资金的障碍。 （2）各档案馆都要组织一批专业开发和维护队伍。 （3）由于发展不平衡，有些档案馆经费可能不足，造成整个数字档案馆的资源不完整。 （4）由于没有对业务流程和管理体系做根本的变革，影响了信息技术有效率地发挥。 （5）立档单位对各电子文件中心是否有充分的信任仍然是个问题。	（1）集中模式需要涉及管理体系的变革，因此必须要协调多方面意见，并征得上级主管部门的认可。 （2）立档单位对中心保管部门是否有充分的信任存在问题。 （3）现行信息系统如何与新的系统进行对接需要解决。

（三）数字档案馆的功能

1. 形成社会综合性的信息资源库

与传统档案馆比较，数字档案馆的信息资源库将是丰富多彩的，不仅涵盖了原来的档案信息资源，其信息采集将进一步扩大到现行文件、资料、各行业专业数据库、社会公众服务信息、网上相关信息、数字图书馆信息等，其载体形式包括语音、视频、图形、图像等更为广阔的领域，是一个以档案信息为核心内容的社会综合信息资源库，能满足各方面对档案信息资源的需求，从而使其资源库通过计算机通信网络连接成为关乎国计民生的超大规模的战略性知识库群。

2. 实现海量数据的存储

将档案信息进行数字化存储，主要是对电子文件进行存储和非电子文件信息进行数字化加工与处理。电子文件的存储介质密度大大高于以往各种人工可识读信息介质。随着互联网技术的进步，电子文件介质的密度会不断加大，数据的海量存储将成为可能。

3. 档案信息的有效访问与查询

数字档案馆建立以用户为中心的服务模式，通过网络技术将各个分散的档案信息数据库连接起来，用户可以通过网络与档案馆建立联系，不受地理立置和时间的限制，实现跨馆际查询。数字档案馆具有多种查询途径、强大的检索能力、友好的用户界面以及完善的借阅管理和调用控制功能。能根据检索项提共多条件组合查询，并能对常用检索途径进行优化，满足用户对查全率、查准率的要求；能根据用户需要设置目录检索、元数据检索、全文检索、图文声像一体化检索；能对查询结果进行显示、排序、转存、打印输出等技术处理；能通过数据调度和数据集成等方式建立检索机制，利用者可以通过网络对电子文件资源（包括目录、索引和全文）进行远程查阅和调用。经数字化处理，进入数字档案馆数据库的各地孤本、珍品档案资料也能在网上查询获取。

数字档案馆的咨询系统分为自我服务信息和请求帮助系统，前者能在各终端或微机上显示利用指南，可用菜单方式或窗口软件，自动指引利用者使用数字档案馆；后者为请示帮助系统，是用户与档案馆联系的渠道，用户可以通过电子咨询信箱向数字档案馆提出咨询，也可接受提供的信息服务。

4. 数字档案信息的安全保护

信息的安全至关重要，因此在数字档案馆的建设中尤其重视安全建设，数字档案馆的安全包括网络与系统安全、信息安全、物理安全等多个方面，通过建设完善和健全的管理制度和先进的技术措施来保证数字档案馆的资料安全。

（1）网络与系统安全

数字档案馆的权限管理是保障网络、系统安全的重要措施，包括认证和访问控制。通常有三种认证：利用者身份认证、计算机认证（在处理机密档案信息时，系统需确认与哪些计算机相连）、档案信息的认证（用户需要确信接收的信息是真实可靠的，而不是被修改过的信息）。访问控制是指通过授权，控制用户访问资源的范围，防止非授权访问，保证网络和系统的安全。

（2）信息安全

信息的安全涉及档案管理的方方面面，包括技术层面和管理层面，需要从安全反应、入侵检测、边界保卫等环节着手建立信息安全保障体系。

（3）物理安全

采取内外网隔离，物理断开的方法，通过防火墙连接内部网和因特网，确保信息安全。防火墙的作用是过滤每个通过的数据包，拒绝那些违反安全约束的数据包。管理良好的防火墙可以有效地阻止外部入侵者，保证涉密档案信息的安全。

5. 数字档案信息资源的系统管理

数字档案馆的档案资源主要有三种：一是需要授权才可以进行访问与使用的保密档案资源；二是完全公开使用和访问的档案资源；三是采集的其他可以使用的数字化信息。数字档案馆有专门的软件系统，对录入的档案信息进行筛选、分类、核对、归档、保存，进而生成目录索引、自动标引、打印输出等功能，形成完整、准确的信息空间。通过系统化管理，在权限访问、保密、信息输入等方面保证档案资料的安全。

（四）数字档案馆带来的变化

1. 档案载体的变化

信息时代，办公自动化与无纸化发展趋势日益显著，传统的纸质文件渐渐地被电子文件所取代，成为档案信息资源的主体构成。在未来的发展阶段，档案馆的主要管理对象将变成电子文件，同时数字化信息也成为档案馆收集、整理、保存与利用的主要档案信息。这类信息的主要载体是计算机可读写介质，通过计算机手段进行处理，并借助网络技术进行传输。

2. 收集方式的变化

数字档案馆是伴随计算机、通信、网络技术等高新技术发展而出现的产物，越来越依赖于网络系统。由于办公自动化的发展改变了档案计算机管理的单机管理模式，使档案管理系统成为办公自动化系统中的子系统，并将随着办公自动化系统的发展而发展。

3. 文档管理方式的变化

数字档案馆的建立实现了文档一体化管理，利用网络系统不仅能实现对电子文档的接收与管理，而且还能为用户提供更加便捷的服务。在文档一体化管理模式下，能使用户的档案录入、归档、整理、检索与打印等工作一次性解决，不仅能有效提升工作效率，而且减轻了档案管理工作者的工作压力，降低了其劳动强度。

4. 服务方式的改变

数字档案馆改变了传统档案馆的借阅方式，方便了利用者，人们坐在办公室或家中就可以利用"馆藏"丰富的信息资源。同时，网上利用的开展，可以减少档案工作者直接为利用者查阅目录、调卷的查阅工作，使档案工作者有更多的时间致力于档案数据的整合，开发出更多可利用的档案信息，进而使档案利用工作进入良性循环中。

5. 保管方式的改变

数字档案载体的特殊性决定了其保存的复杂性，档案工作人员需定期对电子档案进行维护与保存，以确保电子档案的安全可靠，使其能够长期处于可读和可用的状态。首先，需保证电子档案的载体安全，防止自然灾害和突发事件对档案信息的破坏，并定期对其进行检测和转存，还要注意保管磁盘、光盘等数字文件的物理环境以免磁盘、光盘突然损坏；其次，应加强对电子文件形成过程中所需的背景信息、相关信息及阅读电子文件所需的软硬件设备的保存，保证电子档案的可用性和可读性；再次，还应防止信息丢失、被非法更改等情况的发生；最后，在网络环境中，要处理好信息资源共享和保密工作的矛盾。

（五）数字档案馆建设内容

1. 数字档案馆体系建设

数字档案馆的体系建设有宏观角度和微观角度。宏观角度指的是以国家信息化建设的要求和档案事业发展的需要为指导，建立以数字档案项目为核心的综合性体系。在这个体系中要明确每个成员都需要遵守的各项标准，比如管理方面标准、业务方面的标准、技术方面的标准等，以此来规范数字档案馆的管理工作，促进档案信息资源的整合与有效利用。微观角度的数字档案馆体系建设指的是数字档案馆的基础设施建设、业务工作流程、应用系统的设置与维护、资源安全保障等方面建设，要进行资源的整合与优化，提高资金利用率，使数字档案馆的建设有科学的体系。

2. 数字档案馆基础设施建设

数字档案馆的基础设施建设包含以下几个方面。

（1）网络。网络是数字档案馆建设的重要环节，需要遵守以下原则：第一，标准化及规范化，为了确保不同厂家设备、不同应用连接的互操作性，应该选择支持国际标准的网络接口和协议，以提供良好的开放性环境。第二，整体规划与安排，从广义数字档案馆建设的全局和全面工作需要出发，考虑数字档案馆的地理分布和通信条件，整体规划网络建设方案，对网络系统的总体结构、服务功能、经费预算、建设步骤做出具体安排。

第三，可扩展性，为保证系统不断扩展的要求，有利于工程的分步实施，在经济合理的前提下，系统要预留功能扩展的接口。第四，可管理性和可维护性，数字档案馆管理系统应该强调方便、实用和安全，具有可管理性和可维护性，能满足实际使用需要。第五，经济实用性，数字档案馆要因地制宜，在充分整合现有资源的基础上，有效使用公共基础网络资源进行馆间互联，建设统一管理传输平台。

（2）主机。主机涉及中央处理器（CPU）的运算、硬盘容量等内容，主机的安全性、可靠性、稳定性以及可扩展性等对系统应用有着重要影响。

（3）应用服务器。应用服务器不仅要具有稳定性和可扩展的架构，而且还需要提供便于开发和维护管理的应用环境。

（4）输入输出设备。输入输出设备是数字化建设的通道，包括高速扫描仪、胶片扫描仪、视频采集卡、数码照相机、数码摄像机、激光打印机、光盘刻录机等。

（5）数据存储设备。磁盘阵列、磁带机、光盘塔等作为数字档案馆的数据存储设备，对于这些存储设备的选择不仅要考虑其容量大小、应急能力强弱还需要考虑其安全性和兼容性。不同数字档案馆侧重点不同、网络现状不同、物理位置分布不同，所以需要根据其特点选择合适的存储设备。

（6）数据库。数字档案馆要采用高性能、整体性、共享性的数据库软件。

（7）操作系统。数字档案馆的建设应该选用具有安全性、稳定性、兼容性强的操作系统。

3. 数字档案馆资源建设

数字档案馆的资源类型主要有以下八个方面。

（1）目录数据库。包括各种档案资料的案卷级、文件级目录。

（2）档案全文数据库。档案全文数据库涉及三个大的方面：纸质档案数字化处理后形成的图文数据；微缩胶片数据化处理后形成的数据；业务信息和管理中直接生成的电子文件数据。

（3）档案专题信息数据库。主要是对数据进行归类，比如户籍、学籍以及特殊技术人员的档案。

（4）声像档案资料数据库。主要涉及声音影像的数字化处理与加工后的声像资料以及直接接收的数字声像资料及文字说明。

（5）档案编研成果数据库。包括重要文件汇编、年鉴、大事记、组织沿革、基础数据汇集、专题概要、人物传记、优秀学位论文汇编等。

（6）网络数据库。即签约付费后可以进行远程登录与使用档案资源，比如研究生的论文数据库。

（7）因特网资源导航库。根据数字档案馆的实际建设需要，将具有档案意义的链接放到数字档案馆的页面中，保证资源的完整性和丰富性，成为虚拟的馆藏。

（8）用户信息库。用户信息库包含用户基本信息和需求的资源库。

4. 数字档案馆应用系统建设

数字档案馆应用系统不仅要考虑到开放性还需要提供多种层次的应用开发接口，可以支持各类的主流操作系统。因此，应用系统应该具备以下功能。

（1）档案信息采集。档案的信息采集不仅要对原有的馆藏信息资源进行数字化处理加工还需接收和征集新的档案数字资源。

（2）档案信息存储。存储、备份、迁移等是档案信息存储的主要方面。

（3）档案信息管理。指的是对信息进行分类、归类、审核、鉴定、统计、著录、编研等。

（4）档案信息查询。档案信息查询系统涉及众多方面，有综合职能查询系统、个性化服务系统等。

（5）档案信息发布。档案信息发布主要渠道有两个，一个是网上平台的发布，另一个是光盘的发布。

（6）网上收费。网上收费渠道包含支付平台、支付宝支付、微信支付等。

（7）库房智能化管理。库房智能化管理指的是档案的存放管理、出入库管理以及库房环境自动控制等。

（8）内部事务管理。内部事务管理包括工作流程、人事管理、设备管理、资金经费的管理以及文件资料的管理等多个方面。

5. 数字档案馆的网站建设

数字档案馆的网站建设是发布信息、提供档案信息资源集成利用服务的平台。是建设的重要内容之一。档案网站建设要美观大方、简洁明快、功能便捷、主题鲜明，应该具有科学性、知识性、美观性，充分体现档案馆神圣、凝重、休闲的文化形象。应从以下方面提升档案馆的影响力。

（1）建立信息发布系统，及时发布档案政策法规、国内外档案工作动态信息，公布开放档案，展示主题档案信息。

（2）建立档案信息查询系统，设立特色档案资源库，便于用户对档案信息资源的检索利用。

（3）建立交流互动系统，及时收集用户的反馈意见，解答用户的各种问题，增强档案馆与用户之间的联系与互动。

（4）建立多媒体档案展示平台，利用多媒体档案内容的真实性、形式的生动性、传播的便捷性、利用的大众性等特点，以声像图文并茂的方式进行展示，提高档案信息资源的利用效率。

（5）建立手机档案馆，拓展网站服务功能，借助移动通信等流行的大众传媒。

方便用户随时随地访问档案网站，接收数字档案信息，拓展档案信息的服务范围、服务能力和传播效果。

6.数字档案馆信息安全体系建设

数字档案馆信息安全体系建设主要包含两个方面的建设：一是技术体系，即数字化建设中的网络与系统安全保障、应用安全保障、物理安全保障；二是管理体系，即数字档案馆的组织架构和管理制度等。

7.数字档案馆标准规范体系建设

数字档案馆的标准体系建设是数字档案馆的重要保障，这个标准规范是需要不断改进与进步的。数字档案馆的标准体系建设不仅要借鉴国内外的先进标准，吸收借鉴行业的规章制度和技术要求，而且需要根据本地区的情况制定相关的地方标准规范体系。

8.数字档案馆人才队伍建设

人才队伍建设是数字档案馆建设的关键。要通过数字档案馆建设的具体实践，培养一批在档案管理、系统开发和维护、计算机技术与网络技术应用、档案数字化加工与数字档案信息资源管理、标准法规建设与信息安全、多媒体档案编研、数字档案馆运行与管理等方面具有可持续发展能力的专业人才队伍。

二、智慧档案馆

（一）智慧档案馆定义

我们知道，档案馆是"统一保管党和政府机关档案的管理部门……是党和国家的科学文化事业机构，是永久保管档案的基地，是科学研究和各方面利用档案史料的中心"[①]。因此不论是传统的档案馆还是智慧档案馆，都不能脱离档案馆的定义，一方面就管理的对象来讲，智慧档案馆管理的依旧是国家、社会以及人的活动记录，管理内容没有发生改变；另一方面从职能上来讲，智慧档案管理的职能依旧是收集、管理档案，为使用者提供档案的利用，促进档案事业的发展与进步，传播档案文化。

智慧档案馆的定义依旧是从属于档案馆的，仍然满足档案馆定义及其相关内容，但有所不同的是智慧档案馆具有智慧的相关特性。因此对于智慧档案馆的定义还应该从智慧的角度加以考量，即智慧档案馆是具有存储、分类、分析、决策、感知等多种功能的，拥有独立的管理和运转模式，通过云计算、物联网等多种技

---

① 冯惠玲，张辑哲.档案学概论 [M].北京：中国人民大学出版社，2001：84.

术手段对个人、社会、国家的档案进行管理的开放式、共享性档案馆。

"具备进行感知、存储、联通、辨别、分析、决策、创造等多种功能"指的是，通过某些技术手段达到拟人化的智慧功能。比如，通过物联网技术，档案馆可以自动感知到每一卷、每一页档案进库、出库，乃至随后利用的整个过程，并伴随档案的整个运动过程，产生相应的信息，供管理者和利用者使用。又如，通过云计算技术，全馆、全地区所产生的所有数据、档案信息可以互联互通，打破传统意义上馆际之间的数据围栏，甚至是消除档案馆与国家其他部门之间的数据鸿沟。再如，通过大数据思维，我们可以利用档案馆内有巨大价值的档案信息，对某些问题进行自主决策，再从中创造出新信息。

智慧档案馆"拥有独立的管理和运转模式"指的是通过技术与平台的支撑实现独立运转与管理，比如在出入库的时候不需要人员的扫描与登记，直接通过技术手段实现独立的管理与运转。

实际上，智慧档案馆与传统意义上的档案馆并无本质区别，它仍遵从于档案馆的一切性质、基本职责和具体任务。因此，智慧档案馆也承担着"对整个国家、社会和人类的档案（及补充材料）进行保存、管理和提供利用"的职责和任务，但不同的是智慧档案馆是一个"开放式档案馆"，它的开放之处在于以下三点。

第一，技术开放。当前学者对于智慧档案馆的技术认知，集中于"物联网"和"云计算"二者之上。但事实上，智慧档案馆中"智慧"的实现不仅仅也不可能只局限于这两个技术之上，反而是一切可以使之"智慧"的技术手段的集合。这样的集合中，不仅包括物联网或云计算这样的新兴技术，还应包括先前已应用于档案馆中的技术以及尚未被开发的未来技术。换句话说，只要是可以使档案馆智慧化的技术手段，都能为己所用，并不是说只有运用了物联网、云计算的档案馆才能是智慧档案馆。

第二，资源的开放。智慧档案的建设可以使地区间和馆际（档案馆之间，下同）实现数字资源的互通，打破传统意义上的数据壁垒，消除各个部门间的数据鸿沟，更好地促进资源的共享与开放，这也就意味着档案权限的开放。近年来，档案学者逐渐将有关档案与集体记忆、社会记忆的研究发展成为"档案记忆观"，即从集体记忆、社会记忆视角认识档案性质与价值，这使得越来越多的人意识到档案馆重视自下而上的反馈，公民的档案意识不断增强。这就意味着，档案部门难以还原历史全貌的部分，将由公民自主完成。从某种意义上讲，每个公民都是历史的亲历者，都是档案的生产人。

第三，可持续发展的模式。这是智慧档案馆具有开放式特性的最重要的部分。

可持续发展模式指的是智慧档案馆在吸收、管理、整合档案资源的同时还可以不断产生新的信息供档案馆和用户使用，具有可持续发展的特点，这就像人类在学习了新的知识以后，在这些知识的基础上创造出新的知识。与传统的档案馆不同，智慧档案馆不受地域和时间的局限，对公民放开了权限，使得来自公民的档案资源信息不断丰富智慧档案馆，成为记录国家、社会和个人发展的数据库，实现档案馆档案资源的可持续性发展。

（二）智慧档案馆的特征

对智慧档案的概念进行了深入的分析后，我们对其有了初步的认识与了解，接下来我们通过对智慧档案馆的特征，结合其定义来对智慧档案馆进行深入了解与分析。

智慧档案是在互联网不断发展的过程中建立起来的，全新的技术和规范的管理模式，使得智慧档案馆具有以下五个新特征：深度感知、立体互联、无线泛在、可持续发展和以人为本。其中有些特征是因为物联网、云计算等新技术的发展而展现出来的特征，有的则是各个特征间相互影响的结果。

1. 深度感知

感知功能在智慧档案馆的建设中排在首位，具有重要的作用，是智慧档案馆的智慧拟人化的首要特征。也正如杨来青所说："感知是智慧管理第一要求。"[①]

智慧档案馆的深度感知指的是对档案馆中的人与物的深入、全面的感知，包含对档案实体本身的感知、对档案上的信息的感知、对档案管理人员的感知以及对档案使用者的感知等。深度感知有别于传统的档案管理的碎片化感知，不是对局部信息进行感知，而是对档案馆中的全部有用信息实现全覆盖、深入管理和全面的利用，对资源信息进行系统化、智慧化、集中化的整合与衔接，保证信息的连贯性与整体性。

档案馆作为国家最为重要的保存社会原始记录的重地，不仅承担着"维护历史的真实面貌"的职责，还需要"为现实的社会主义现代化建设和历史的长远需要服务"。这就要求档案馆开阔视野，摒弃以我为大的思维。除了对馆内展开全面深入的感知之外，档案馆还应对全社会的信息有所感知，并能满足全社会建设发展的需要，真正在馆内及全社会中实现档案工作者与档案、档案利用者与档案、档案与档案、档案与馆、馆与馆、馆与社会等全面深度的感知。

---

① 杨来青，徐明君，邹杰. 档案馆未来发展的新前景：智慧档案馆 [J]. 中国档案，2013(2)：69.

2. 立体互联

当智慧档案馆建立了深度的感知以后，还需要通过全方位、网络化、立体化的互联互通才能发挥更大的功效。

智慧档案馆的立体互联，不仅体现在形式上，还体现在本质上。就形式而言，立体互联不仅是在馆内进行互联，打破模块化的管理，而且是实现馆际互通互联以及档案馆与其他行业其他部门的互联互通。具体包含现实环境中互联和虚拟环境中互联，物理环境中的互联：档案与档案的互联、楼层与楼层的互联、计算机与计算机的互联、数据库与数据库的互联、部门与部门的互联等；虚拟环境中互联：人员与计算机的互联、档案人员与使用者的互联以及包含互联网、电信网和广播电视网在内的三网互联等。

从本质上看，各主体（档案馆、档案工作者、档案利用者、社会其他部门）之间的立体互联，实际上体现的是信息之间的深度共享。档案馆内的立体互联、协同共享，实现的是档案实体、档案信息、档案管理环境的一体化管理和交互式管理。馆际之间的立体互联、协同共享，实现的是档案馆在档案服务方面的升级与理念的转变，使档案利用者可以通过一个"切入口"，了解到社会的全貌，真正地实现便利、惠民的本质追求。

3. 无线泛在

智慧档案馆在建立了深度感知的模式后，在立体互联的协同共享基础上，在消除信息壁垒后，智慧档案馆就形成了档案利用服务方面的无线泛在环境。

智慧档案馆将馆内外所感知到的信息以及互联互通所得的信息，利用互联网、广播电视网或电信网等渠道，供给档案利用者使用，形成一个不论何时、不论何地、不论何人均能利用档案和档案信息的无线泛在模式，实现档案的利用功能在利用渠道和角度上的全方位覆盖。这里的泛在，指的并不是随处可见的档案馆抑或是触手可及的档案人员，而是档案利用工作的随处进行，是将档案利用工作的便捷性、随时性全权交给利用者，满足利用者对档案的利用需求。

档案馆面向的使用者是不同的，他们的需求是不同的，对于档案馆的了解程度也是不同的，这就会出现有的使用者可以自己独立完成档案的检索使用，有的使用者则需要求助于档案工作人员。因此无线泛在涉及面很广，不仅要使复杂的工作简单化，满足大众性要求还需要满足个性化要求与互动，为使用者提供针对性服务。

4. 可持续发展

第一，档案事业的可持续性发展。智慧档案馆的一个重要突出点就是开放性，智慧档案馆在吸收、管理、整合档案资源的同时，还因为技术的更新以及管理模式的转变，可以不断产生新的信息供档案馆和用户使用。这就像人类在学习了新的知识以后，在这些知识的基础上创造出具有可持续发展的特点的新知识。因为管理权限的开放，来自公民的档案资源信息不断丰富智慧档案馆，使档案馆成为记录国家、社会和个人发展的数据库。实现档案馆档案资源的可持续性发展，体现了智慧档案馆的开放创新、协同创新的特点。不仅如此，在公众对档案馆的了解不断加深后，纷纷自觉对档案工作进行监督，从而使得档案事业可以在监督中迎来更好的发展，进而为档案事业提供源源不断的动力支持。

第二，智慧档案馆的建设呼应可持续发展的理念。智慧档案馆的深度感知不仅实现了档案、人员、设备的感知，还能感知到档案馆的整体运转。智慧档案馆的设备安全环保、资源绿色安全，这与国家可持续发展理念不谋而合。

第三，档案信息的可持续发展。智慧档案馆消除了馆际甚至档案馆与其他行业的部门间的信息壁垒，大量的信息经过汇总与整合之后产生了巨大的效应，使智慧档案馆具有了再生信息的能力，这些信息也能更好地为国家、社会和个人提供档案服务。

5. 以人为本

智慧档案馆的灵感来自"智慧城市"的概念，因此智慧档案馆的建设也参考了"智慧城市"的建设后而不断探索前进的，这也就明确了智慧档案馆的一些特征与理念是与"智慧城市"的特征与理念是一致的。

"智慧城市"是以人为本的城市。其核心是运用创新科技手段服务于广大城市居民。城市的各项工作要立足于满足群众工作和生活的需要，让人民群众生活得更方便、更舒心、更幸福，这是城市管理工作的基本立足点。[①] 从这段话可以看出，无论是运用怎样先进的科学技术，或是城市各部门间怎样协同合作，智慧城市的根本立足点都是让人们生活得更便捷和更舒适，可见智慧城市的本质落脚在"人"的身上，体现的是以人为本的特征。

综上所述，智慧档案馆的五个特征，是逐一发展并层层递进的关系。深度感知是基础，立体互联是深度感知后的发展。二者同属于技术背景支撑，而感知又是互联的依托，它们可以使智慧档案馆更智慧、更高效地运行。而无线泛在则是落脚点，是因为无论档案馆模式如何推陈出新，其根本宗旨仍是为了更便利地进行管理和利用活动。再者，作为一个开放式的档案馆发展新模式，作为国家一个

---

① 骆小平。"智慧城市"的内涵论析 [J]. 城市管理与科技，2010，12(6)：36.

持久的、重要的职能部门，可持续发展档案工作、档案事业是最终目标。最后，上述四个特征都是紧紧围绕，智慧档案馆的"以人为本"而来的，并以此作为核心出发点，指导了智慧档案馆的理论建设和实践发展。小到馆内具体技术的选择、软件的编辑、管理系统的使用，大到档案馆总体规划、发展、建设，皆以不违反"以人为本"的落脚点为根本原则。

（三）智慧档案馆建设的具体内容

1. 库存档案的数字化

（1）库存档案数字化建设的重要意义

目前来讲，纸质档案数字化工作的实施，能够在对档案馆实际运行情况进行充分分析的基础上，科学制订具体的工作计划，对档案扫描范围进一步明确，对于利用价值高、利用面广、使用频率高且需要加强保护的纸质档案进行优先保存与利用，强化档案数字化建设实效，促进资源共享的进一步实现，并为社会、学校各项工作提供有价值的信息资源。从以上分析来看，档案数字化建设具有非常重要的现实价值。但在实际操作过程中，档案数字化建设仍然存在着诸多问题。例如，数字化档案的科学鉴定、数据库的建立以及数字化文件的存储格式等，这些问题并非是短时间内就能完全解决的，而是需要档案工作人员的精心策划与科学组织，保证档案数字化建设工作按照预期计划进行。

（2）库存档案数字化的具体实践

第一，科学选择库存档案，明确界定数字化加工范围。首先，优先保护价值高、年代久远、保护紧迫性强的档案。对于年代久远、珍藏价值高或出现破损、字迹模糊的珍贵档案进行优先扫描，将其输入档案管理系统，通过数字化的实施，减少此类档案的利用频率，有效解决珍贵档案保管与反复利用之间的矛盾，进而实现对珍贵纸质档案最大限度的保护。其次，尽量选择利用率高的档案。以日常借阅登记与利用情况为依据，明确利用率高的档案，并将其列入数字化范畴。例如，对于高校录取新生名册档案来说，学生的基本面貌、教育经历、高考成绩、考生类别、所选院校与专业等各种重要信息均应该包含在新生名册档案里。学生进入社会后，高校录取新生名册档案就会成为证明学生资历情况的"名片"，在教学评估、学生求职等方面发挥着重要的参考作用，这也在很大程度上提高了这类档案的利用率。因此，对于此类档案，应将其列入数字化的考量范畴内。最后，坚持适宜性原则。在档案数字化建设中，并非所有档案均适于数字化，许多档案受技术因素的影响，难以达到理想的数字化转换效果，或者部分档案信息容量过于庞大，再加上转换速度慢，利用起来存在诸多不便，这类档案就不需要强行实施数字化，应待数字化技术更新至能轻易解决以上问题时，再实施数字化转换。除此之外，在传统纸质档案管理中，许多档案已经装订成册，如果强行拆开就会损毁档案，但是不拆开就达不到良好的扫描质量要求；还有许多年代久远的珍贵档案，在常年储存过程中，或发生霉变，或被虫蛀，或纸张脆弱不堪反复翻阅，在扫描过程中容易导致其损坏。对于以上种类的档案，可利用数码相机进行拍摄，不仅能获得良好的图像采集效果，而且还在很大程度上保护了珍贵档案，提升了工作效率。

第二，明确制订档案数字化扫描计划。在档案数字化建设中，必须首先明确档案扫描工作计划，科学分工，强化部门合作，保证扫描工作的顺利开展。例如，许多档案馆在数字化进程中，一般采取扫描外包的工作方式，将扫描工作交由专门的数字化加工企业，并通过签署协议的方式明确扫描质量要求。但是，因档案信息资料的保密性与重要性，在实施扫描工作前，需要派专人负责档案的出、入库登记工作，同时确定扫描加工地点，避免纸质档案在扫描过程中出现信息丢失、泄露或档案损毁的问题。从以上分析可知，要想在数字化扫描加工过程中保证信息安全，必须首先对各种影响因素进行充分考虑，并制订详细的扫描计划，对可能出现的问题预先做出解决方案，保证数字化加工过程的顺利进行。

第三，合理创建档案目录数据库，保证信息质量。在档案数字化建设过程中，目录数据库的创建是重中之重。目录数据库，即通过构建档案主题、类别及代码，与相关的档案内容形成链接，从而保证信息查找的精确性，提升检索效率。可以说档案目录数据库的创建是保证档案全文得以充分利用的重要基础，不仅能将档案信息全面反映出来，而且还能为用户提供完整的、动态的档案信息服务。因此，在创建档案目录数据库时，应遵循档案著录的相关规则，将档案目录与扫描图像进行精确对接，保证目录与图像相互对应，提升网络信息检索的精确性，为用户提供良好的检索体验与服务。

第四，保证数字化加工文件存储格式的正确性。现如今，科学技术迅速发展，在为档案数字化建设带来发展契机的同时，也为电子档案的管理工作带来诸多难题。在档案数字化建设过程中，应选择一种适用性强的档案存储格式，使数字档案摆脱传统数据库的束缚，减少因软件或设备不断更新导致的不良影响，保证数字档案的长期保存。例如，当前许多数字方案是以 PDF 的格式来存储的，这种格式的通用性非常强，不易篡改，不仅具有原版显示效果，而且传输速度非常快，能为用户带来良好的信息使用体验。

2. 增量档案的电子化

在档案数字化建设中，可制定电子文件管理联席会议制度，明确电子档案管理规则，强化电子档案数字化管理，并对电子档案归档工作进行严格管理，运用三级协同办公系统对电子档案进行管理与保存一体化工作，完善电子档案收集、归档与移交工作流程。另外，在档案数字化处理与电子档案的归档工作中，要加强数字化成品质量管理，保障档案信息安全，避免数字化处理手段对档案原件造成损坏。

3. 加强一体化系统管理

加强一体化系统管理，将办公自动化系统与档案信息系统进行对接。目前，大多数单位的办公自动化（OA）系统与档案信息管理系统并未实现对接，而是相互独立运行与使用的，OA 系统运行中产生的数据是无法直接与档案信息系统相统一的，需要对其进行重新录入。事实上通过对单位 OA 系统与档案信息系统的对接，实行一体化系统管理是十分必要的，能有效降低劳动强度，避免重复工作，提升工作效率。

（1）实行一体化系统管理的建设目标

第一，实现数据交换与存储一体化。将单位 OA 系统在运行中产生的数据信息按照特定格式存入档案信息数据库，实现实时归档、定时归档。在这一操作下，使电子档案标题、文号、发文单位及日期等信息自动归档，与档案信息系统数据库相关字段进行自动对接，同时包括图像在内的电子档案全文存储于服务器特定文件夹内。

所谓实时归档，即发文在文件发布时归档，收文在文件办结时归档。定时归档，即系统运行中产生的新数据信息在预先设定好的时间自动归档。

第二，提高数据信息的利用率。对单位 OA 系统内的已有数据进行重新组合，按照预先制订的规则形成新的数据信息，以此降低劳动重复率，提高数据利用率。在提升档案管理质量的同时，充分发挥档案数字化建设效益，促进档案工作的科学发展与稳定运行。

第三，维护系统稳定，保障信息安全。在数据信息的传输中，要充分保障OA 系统与档案信息系统的运行稳定性与信息安全性。保障信息安全性主要指保障两套系统中的原有信息以及传输信息的安全性，在保证信息传输对数据库的正常运行不产生影响的前提下，确保电子档案信息的真实性，进而确保档案凭证功能的发挥。

（2）实行一体化系统管理的建设方案

当前阶段，加强 OA 系统与档案信息管理系统的一体化系统管理与建设，主要通过以下两种途径。

一是联机传输归档。改变 OA 系统与档案信息管理系统的相互独立现状，加强对两套系统的整合利用，在网络技术的支持下将电子数据信息直接录入档案信息系统，实现两者的无缝对接。要想实现这一归档效果，需要采用通用数据接口，以此为介质实现数据信息的跨平台传输。其主要工作原理，如图 5-2-1 所示。

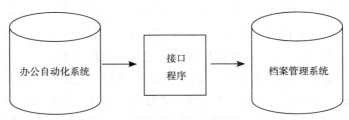

图 5-2-1　联机传输归档原理图

将接口程序整合在 OA 系统上，向用户展现的是"归档"按钮。当用户点击此按钮后，就能与档案信息系统数据库进行链接，并通过接口程序将公文数据信息写入数据库。同时，"归档"按钮仅出现在"已办结文件"的显示界面中，且只有拥有数据导出权限的用户才能操作此按钮。就公文的导出方式而言，可依据需求选择单条导出或批量导出，其中批量导出可一次性导出上百条信息，可选择定时或实时导出，此方式能节省大量的时间。在选择定时导出方式时，一般选择当天产生的新数据在夜间定时传输；而实时传输则是 OA 系统出现新数据后能自动连接至接口程序，实现数据向档案信息系统的实时传输。总之，不管是选择定时导出，还是实时导出，都体现了数据传输的自动化。

二是数据库中心传输归档。受多种因素的影响，高校在档案信息系统的建设过程中，因数据源及信息系统的差异，导致数据信息类型及信息访问途径存在较大差别。这些差别的存在使得高校各信息系统与数据源之间无法实现信息共享与数据传输，进而形成"信息孤岛"现象。要想将"信息孤岛"问题彻底解决，就需要从以下两种途径着手：第一种途径，将原有信息系统撤销，以数字化方式对信息系统进行重建，形成全校范围内、支持信息共享的数据库中心。整个数字化校园系统内涵盖了教务管理、档案信息管理、办公自动化管理及人事管理等各种功能模块，只需对每一项功能模块赋予权限，就能实现信息共享与数据传输。第二种途径，运用系统集成手段将高校各部门信息系统进行整合，实现各部门系统之间的无缝对接，形成数据集成系统。就目前阶段而言，高校应以自身运行情况为依据，选择处理方案。如果原有系统正常运行，则可选择系统整合方案，将原有数据信息纳入数字化信息系统中。如果高校原有系统较为落后需要新建系统，对于新建系统，则需要统一标准，保证其正常运行。总而言之，不管是整合系统，还是重建系统，数据库中心的建立是实现信息共享与数据传输的根本途径，同时也是核心工作。通过数据库中心的建立，档案信息系统要想获取 OA 系统中的数据信息，无须再进行联机或脱机，直接从共享数据中心即可获得。

综合对比以上两种归档模式可得出以下结论：联机传输归档模式借助校园网络，能对电子公文数据的归档问题进行有效解决，不仅操作方便，技术成熟，而且资金投入相对较低，在短时间内即可投入使用。数据库中心传输归档模式则主要适用于统一规划的数字化校园信息系统解决方案，在这一模式下，OA 系统、档案信息系统、人事管理系统及教务管理系统等形成统一的整体，在有效解决电子公文数据归档问题的同时，还能有效解决其他电子数据的归档问题。可以说，此模式是一种理想化模式。在管理工作中，这种模式的应用相对较为罕见，究其原因，在于该模式技术难度大、资金投入多、建设周期长，且对系统协调性与统一性要求高。我们通过对两种归档模式的对比分析得出，数据库中心的建立是信息传输模式的未来发展趋势，而联机传输归档模式则是解决电子数据归档问题的主要途径。

（四）智慧档案馆的数字化信息利用

1. 数字化信息利用的特点

就智慧档案馆而言，其显著特征就是对网络化与数字化手段的应用，这就使得其信息服务方式相较于传统档案馆发生了显著变化。在信息化时代背景下，智慧档案馆的信息利用与服务主要呈现出以下显著特点。

第一，坚持以满足用户需求为工作中心。智慧档案馆的运行为用户创建了良好的档案资源环境，以用户为中心，以满足用户的需求、为用户提供便利为智慧档案馆工作的出发点。用户在使用过程中，不再处于被动状态，而是主动通过智慧档案馆充分了解资源环境，与档案信息资源进行自主互动，在这样的情况下，用户能够主动、快速、准确地获取所需信息，获得良好的信息服务体验。

第二，信息资源更加丰富，载体类型不断更新。在传统档案馆的使用中，信息资源是非常有限的，而且大多是以纸质载体呈现档案信息。相比之下，信息时代背景下的智慧档案馆的信息资源更加丰富，信息载体类型也更加多种多样，例如光盘、磁盘、远程网络提供等，这类信息载体不仅容量大，而且使用起来比较便捷，大大提升了信息资源的传播速度与使用效率。

第三，智能化信息服务模式不断规范。在信息化时代背景下，通过计算机对档案信息实施智能检索与管理，并以文件类型为依据建立文件与文件之间的链接，在不同信息节点之间建立起网络结构，能够实现从不同角度展示信息资源的规范有序。用户在检索信息时，只需输入一个检索要求，所有相关信息文件就能一次性呈现出来。同时，在先进的技术支持下，能够满足用户不断细化的信息需求，对信息形态进行转换，进而对档案资源充分利用。

第四，信息服务冲破时间与空间的局限。在传统档案馆的使用中，用户要获得想要的档案信息，需要亲自到档案馆进行查询，有时一个档案馆无法满足用户的信息需求，还需去多个档案馆查询，甚至有可能为了获得某一信息需要到外地查找档案。在信息时代下，上述现象将不再出现。智慧档案馆的利用，冲破了时间与空间的局限，用户可以利用计算机或其他上网工具在任何时间、任何地点获取所需信息，这大大提高了信息获取效率，更为用户带来了极大的便利。

第五，馆藏资源容量无限扩大。信息时代的智慧档案馆的显著特征就是开放与共享，其在保持馆藏实体档案功能的同时，利用网络实现信息资源共享，构建其容量无限大的虚拟信息资源。对于每一个智慧档案馆而言，作为档案信息资源网络的重要节点，其资源容量是可以无限扩大的。特别是在当前的信息时代背景下，两个档案馆的资源共享与互借所产生的效果必然是 1+1 > 2 的，因此将多个智慧档案馆进行互联，所产生的信息量必将是无限的，其服务功能也是更加强大的。

2. 智慧档案馆的信息服务方式

第一，网上主页服务。网上主页服务即智慧档案馆借助网络技术，将信息产品展示在主页上，为用户提供方便、快捷的信息服务。在主页界面设计上，要遵循简洁、明了的原则，将档案馆基本概况、馆藏信息目录、网上资源、光盘资料及主要服务项目等基本信息展示在主页界面上，同时还要向用户提供资源使用及网络导航服务，对国内外网络档案馆、热门站点等与网页之间建立起链接，完善学科导航，进而为用户获取信息资源提供极大的便利。

第二，信息检索服务。通过数字档案信息检索系统的建立，提升信息检索服务工作的自动化程度，使信息检索网络更加系统、科学，对数字档案信息内容进行全面揭示，使用户能够在大量信息资源中快速获取所需信息，进而为其提供高质量、全方位的信息检索与查询服务。

第三节　档案数字化管理的要点分析

一、档案数字化管理流程

　　数字化档案管理是随着信息技术不断发展而产生的新型档案管理模式，在数字化档案管理过程中，将充分利用高速扫描技术，图像分类技术，文字识别技术，基于大数据的数据采集、处理与存储技术等新兴技术，将传统的纸质、光盘等档案载体和资源进行数字化转换，形成数字化档案资源，构建数字化档案管理数据库，利用分布式存储、云存储等手段对数字化资源进行存储和管理，通过便捷的查询、利用手段，实现对档案资源的科学管理和有效利用。纸质档案数字化工作流程包括档案领取、档案分类、档案拆分、档案扫描、图像处理、质量检查、原件整理等，如图 5-3-1 所示。

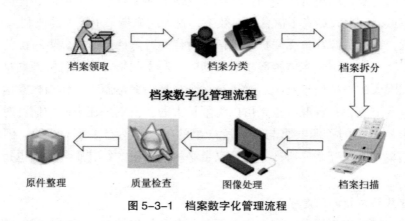

图 5-3-1　档案数字化管理流程

（一）档案领取

　　由数字化档案管理人员领取本单位发展过程中形成的具有存储价值的文件、声像材料等纸质实体档案。

（二）档案分类

　　按照档案管理机构内部的档案分类标准对档案进行分类。

（三）档案拆分

　　将档案按照统一标准进行标号，按顺序将全部档案编制页码，同时进行编号，在此基础上，根据实际需要对档案进行拆分，尤其是将不需或者不允许进行扫描的档案进行单独标注与管理。

（四）档案扫描

档案扫描是纸质档案管理转型为数字化档案管理的核心步骤，是实现数字化的关键。在档案扫描的过程中按照国家档案管理标准要求对原件进行扫描处理。借助先进的图像扫描软件对原始档案进行扫描，在扫描的过程中依据原始档案的质量定义扫描线系统的相关参数，实现自动倾斜校正、自动去污、自动分文件等批处理功能。在完成自动扫描的同时，档案管理人员可根据档案的实际纸张大小、纸张薄厚等情况对图像的分辨率、明亮度等进行调整和设置，保证档案扫描工作高质量地完成。

（五）图像处理

在扫描完成后，利用图像处理软件对扫描获得的档案图像进行处理，通过自动校对功能确保图像的正确性，同时通过去斑点、去污渍、去黑边等处理，确保获得的档案图像清晰、准确，符合档案管理的要求。

（六）质量检查

质量检查的工作主要是对图像进行自动校对和全面检验，及时将不符合要求的档案图像进行修复处理，通过质量检查保证扫描处理的数字化档案图像符合国家档案标准。

（七）原件整理

在完成档案数字化转换工作后，需要专门的档案管理工作人员，按照国家档案管理的标准，对原始档案进行整理与归还。

二、档案数字化管理要求

（一）遵循国家的法律法规

对于档案的数字化加工处理以及为使用者提供服务需要在法律的框架中进行，要在行业规范的约束下进行，以保护合法权益不受侵犯，避免出现非法利用的情况，保证档案数字化的合理、合法进行。档案数字化管理需要遵守的法律法规主要有以下几项。

1. 关于档案公开和保密的法律法规

档案部门提供数字化档案信息服务，既要履行法定的信息公开义务，又不能泄露国家秘密。主要的法规有《中华人民共和国档案法》《中华人民共和国保守国家秘密法》等。

《中华人民共和国档案法》规定：保密档案的管理和利用，密级的变更和解密，必须按照国家有关保密的法律和行政法规的规定办理。《中华人民共和国保守国家秘密法》规定：国家秘密是关系国家的安全和利益，依照法定程序确定，在一定时间内只限一定范围的人员知悉的事项。

2. 保护知识产权的法律法规

《中华人民共和国著作权法》规定，像部门档案、个人档案等这些档案的数字化加工可能涉及其复制权，网络发布、提供利用可能涉及其发表权、信息网络传播权、汇编权，此类档案的数字化加工和提供服务可能引起法律争议。虽然《信息网络传播权保护条例》规定：图书馆、档案馆、纪念馆、博物馆、美术馆等可以不经著作权人许可，通过信息网络向本馆馆内服务对象提供本馆收藏的合法出版的数字作品和依法为陈列或者保存版本的需要以数字化形式复制的作品，不向其支付报酬，但不得直接或者间接获得经济利益。

3. 隐私权保护的法律法规

数字化档案的服务不得侵犯个人的隐私，关于这一点档案部门已经达成了共识。档案数字化工作要注意保护私人信息不受他人非法搜集、刺探、公开利用和侵扰。我国现在还没有专门的法律法规保护隐私权，只是散见于其他的法律法规中，如《中华人民共和国民法通则》《中华人民共和国民事诉讼法》《中华人民共和国未成年人保护法》等。档案数字化实践中的个人隐私保护，应当充分尊重国际惯例，尊重当事人的意见。

4. 网络服务行为规范

在一些情况下，除了通过网络提供原文和目录信息的查找服务之外，以数字方式加工三次文献并出版发行也是开发利用的具体方式，这时需要遵守《电子出版物管理规定》《互联网出版管理暂行规定》等有关规定。

（二）遵循行业标准

标准的重要性只有在共享中才能显现，越普遍的共享，越需要以遵守标准为前提。

1. 标准概览

档案数字化涉及的要素很多，包括资源、软件、硬件、业务过程、业务方法等，这些要素都是标准化的对象。

2. 标准的配套与执行

档案数字化工作一般遵循如下采标原则：凡是已有相应国家标准的，应优先采用国家标准；当国家标准尚未制定时，可参照和采用相应的国际标准。在遵循标准的过程中还应该认识到标准升级或更新可能导致的风险。《文献档案资料数字化工作导则》（GB/T20530—2006）规定了以下两方面的指导原则。

（1）数据兼容

在兼容未来发展技术的基础上，遵循普遍性、权威性、合理性等原则建立的行业标准或企业内部标准，可过渡性地保留使用。但其信息发布和数据传输部分的设计，应该采用模块化堆叠设计，以保证在国家标准或国际标准颁布实施的同时，信息发布和数据传输可根据新的标准体系方便地进行升级。

（2）数据共享

为了将采用新标准对原系统的影响降到最小化，减少投入风险，凡采用内部标准设计的系统，均须考虑建立在二次检索基础上进行数据共享接口设计，并至少为数据的重复使用和管理建立联机和脱机使用两种模式。

（三）目标合理

档案数字化的目标在于建立高质量的、便于使用的数字化资源，可以长久保存、反复使用，可以被广泛、方便地获取，可以应用于不同的环境。目标主要包括以下几方面。

1. 方便用户查询和利用

数字形式的信息最大的优点在于易于复制、更改，快速检索，异地传输、远程利用等操作。数字化可以极大地提高档案信息的实用性，为档案价值的充分发挥创造便利条件。这也是档案数字化工作最为重要的目标。

2. 汇聚分散保存的档案信息

通过网络可以汇聚分散存储在各部门的档案信息，实现更广范围内的资源整合和资源共享。目标的合理性在很大程度上体现在对数字化对象的鉴选上。《纸质档案数字化技术规范》（DAT31—2005）中规定了两大鉴选原则：一是合法性原则，进行数字化的档案必须符合国家档案开放规定以及有关规定，属于开放范畴的档案才能进行数字化；二是价值性原则，属于归档范围且应当永久或长期保存的、社会利用价值高的档案可进行数字化。这两大原则要结合各高校的具体情况加以灵活运用。

3. 保护档案原件

档案数字化可以减少对传统档案载体的损害，有效地保护档案原件。此外，档案数字化的异地保存，还是防范天灾人祸对档案造成毁灭性打击的有效方法。

（四）强化核查

档案数字化工作的内容较多，开展工作的人员众多，容易造成质量差错、安全事故风险。因此，要强化监督、审核和检查工作。

1. 数字化档案与原件进行核查

数字化档案与其原文件进行核查，包括对文字内容的校对，对图像、音频、视频质量的检查、密级校核等。如果发现问题，须及时弥补。

2. 机读目录核查

机读目录是档案检索的依据，因此应该确保其准确性和完整性。对这项工作的核查要十分重视，可以开展多次校核。

3. 数据挂接核查

用户如果想获取档案原文信息，不仅目录要准确，档案数字化原文还要与机读目录之间建立准确的挂接。一般采用抽查的方法来进行数据挂接核查，抽检比率不低于5%。

4. 安全审查

安全审查贯穿于档案数字化的全过程。档案的出库、入库、拆卷、装订都要进行检查，确保原文件不损坏、不丢失，内容不泄露；数字化的加工、存储、组织、服务、维护等阶段要对各种安全技术、安全管理措施的效果进行检查和审计。

第四节　应用分析——以医疗档案管理为例

加强医疗档案数字化建设是医院规范化管理的重要体现。互联网技术的发展、社会的进步对医疗档案的管理工作提出了更高的要求，对医疗档案进行数字化建设与管理不仅有利于医疗机构节约人力物力，快速检索所需资料，使医疗工作更加高效，而且有利于提高医疗档案管理的水平，使其更好地适应社会的发展。而适应社会经济发展要求，推进医疗档案数字化管理是当前医院管理人员面临的重要任务。

一、医疗档案管理的重要性

医疗档案是一个医院运营的基础，是医院发展过程中最可靠的原始记录，是医院运行中最具权威的凭证，也是长久积攒下来的财富。医疗档案包含的内容很广泛，从医疗保险档案到医疗技术档案，从医疗人事档案到医疗卫生档案，它囊括了医院运营的所有信息，是医院的根本所在。不仅医院十分重视档案信息，患者也十分重视自己的医疗信息，患者如果再次生病，这些档案信息会为治疗提供一些帮助。如果医疗档案损毁或者丢失将无法复原再生，对于医院来说是无法估量的损失。

我国的医保政策的推广，如果没有医疗档案信息的收录，关于患者的医保政策很难得到落实，这也将阻碍国家政策的实现和推广。医院医疗档案管理的能力，决定着医院在人民心中的地位，是医院实力的保障和体现。强化档案管理工作不仅是对珍贵档案信息的保护，更是医院平稳运行的关键所在。另外，档案管理体制的加强能够提升医院的服务质量，拉近患者与医院的关系，有助于为医院树立积极向上的口碑，还能密切联系医院内部的各个科室，通过档案数据的共享和调配完成医院一体化的建设。

医疗档案的管理工作对医院未来的发展和医疗水平的提高具有重要的导向意义，加强对医疗档案的管理工作，充分发挥其凭证作用，应该成为医疗机构的重要工作和关键。要不断提高领导者对医疗档案的重视，转变其思想；不断加强对医疗档案管理人员的培训，加强其档案意识与提高专业能力；建立健全医疗档案的管理体系与管理规范，使之有所依据，实现管理的标准化、信息化、智能化；要不断引进技术，从以上几个方面入手，真正做到加强医疗档案管理工作，提升整体的医疗效率和医疗水平。需要指出的是，只加强医疗档案管理工作的各项规章制度是远远不够的，落实程度也很重要，只有将一系列的制度改革落到实处，从实践中找到问题，然后解决问题，医疗档案管理工作才能得到真正的强化。

二、医疗档案管理数字化建设价值

档案管理体系与企事业单位职工管理需求相关，科学化档案管理工作体系可以获得高价值决策参考资料，使管理者优化人力资源结构。医疗档案是医护人员了解患者健康状况的主要依据，医院人事档案是开展人力资源管理的依据。自动化信息档案管理有利于促进医院内部信息流通，降低管理成本提高管理效率，医院管理档案数字化建设价值体现在优化医疗资源配置，提高医务人员素质等方面。

当前我国人口基数较大，大多数医院长期存在病房不足的问题，合理配置医护人员是解决患者求诊难问题的可行措施。另外，患者就诊流程简化可以提高医护人员工作效率，档案数字化系统可以使医生了解患者过往病史，减少患者重复挂号的问题以及简化开具处方的过程，医护人员可以了解患者在其他医院治疗情况，数字化档案管理体系有助于促进不同医院诊疗衔接，患者就诊流程简化可以缩短患者就诊时间。互联网时代促进医院各项工作优化，为医疗工作人员知识储备升级提供支持。除此之外，公私立医院不能实现医疗信息档案共享，加上公立医院医师对患者就诊记录不信任，往往使患者在转院后不得不再次体检，最终导致延长患者治疗时间。而医院档案数字化体系可以保障患者持续治疗，简化患者就诊流程，采取针对性治疗措施提供高质量医疗服务。

三、医疗档案管理数字化的意义

医疗档案的管理工作具有重要的意义，首先，医疗档案是医院各项工作开展的依据和关键环节；其次，医疗档案还能为新入职的医生提供医疗案例，使之积累经验，更好、更快地融入工作，提高医疗水平与阅历；最后，医疗档案还能给医学院的学生和老师展现最真实的案例，是进行医疗教学的重要依据。我国医疗水平的提高不仅要有先进的医疗技术和专业人才，也需要在医疗管理上下功夫，完善医疗管理的服务体系，保证医疗水平不断提升。针对医疗档案中的涉密文件要严格管理，进行数字化处理后的档案资料，可以保证其安全性。

医疗档案数字化管理是社会生产力进步的体现，有利于提升医院管理服务水平。同时这也是医疗机构为适应社会发展的需要而提高医疗水平的必然要求。医院档案实施信息化管理不仅对档案管理工作的正常开展有推动作用，同时，也将医院工作流程中的挂号、检查、缴费、处方、病历等多个方面通过网络平台实现传递与共享，实现医院各个部门与档案管理部门之间的相互交接，从而改善传统模式下人力资源、信息资源的利用，这样也能给家属与病患带来更好的医疗体验。信息化时代是未来社会发展的趋势，随着医院提档升级，目前国内各大医院纷纷努力实现档案管理信息系统化。成熟的计算机图像处理技术为医学影像信息系统建立提供了技术手段，通过医院信息化可跨越整个临床、护理流程管理和行政信息管理，由经济核算到经济分析，从而帮助医院建设起高效、全面的质量管理服务平台，达到患者满意、管理者心中有数的目的。医院信息化建设是深化改革、加强管理和卫生工作现代化的创新点和发展点。

四、医疗档案数字化管理的必要性

（一）医疗事业发展的现实需要

数字化管理是推动医疗事业发展的必然要求。卫生信息化的总体框架提出建设三级卫生信息平台、5 项业务应用、2 个基础数据库及 1 个专用网络，这也为医疗档案的数字化建设奠定了基础。2013 年，《医疗机构病历管理规定》发布，增加电子病历管理相关内容，明确了电子病历与纸质病历具有同等效力，这就必然要求对医疗档案实行数字化管理。此外，随着《电子病历系统功能规范（试行）》的制定与出台，对电子病历系统的基础功能、主要功能、扩展功能等做出了明确的规定，这为电子病历系统的建设提供了方向。基于上述因素，推行医疗档案的数字化管理有了依据和前提。

数字化管理是构建智慧医院的重要环节。智慧医院包括三大领域，即智慧医疗、智慧服务、智慧管理，其中的智慧医疗是"以电子病历为核心的信息化建设，电子病历和影像、检验等其他系统互联互通"。电子病历对于构建智慧医院的重要性显而易见，而医疗档案数字化是医院实现无纸化的前提，电子病历经过电子签名认证，和 HIS、LIS、PACS、EMR 及病理等相关系统数据进行对接后才能完全实现无纸化，是智慧医院构建过程中的重要环节。

（二）数字管理的优势明显

1. 提高医疗档案的管理水平

数字化管理的实施有利于提高医疗档案的管理水平，首先在归档管理方面，档案数字化管理系统与医院的各类系统直接对接可以实现医疗档案在线归档与管理，简化了档案管理的步骤，增强了其安全性；其次在档案保管方面，对档案进行数字化处理后使用数据库进行管理与保管，数据库不仅具有超大的空间与容量，而且安全性比较高；在编研方面，数字化的档案管理可以使信息的提取以及获得都变得更加简单便捷，从而为科研工作提供更好的服务，并促进科研的发展；最后从利用角度来说，可以利用当下先进的技术、平台提高资源利用率和工作效率，进而提升档案的管理水平。

2. 提升医疗档案的利用效率

医疗档案的数字化一方面是对传统的档案进行数字化的处理和加工，另一方面是对新增的电子文件进行收集、分类、归档、保管，这些档案信息一方面为医护工作者提供教学服务、科研服务、随访服务；另一方面还为患者提供了服务，比如检查结果查询打印、病例信息查询、在线查询信息等。因为涉及隐私，所以特别需要注重档案信息的安全性与隐私性。

3. 利于医疗档案的长期保存

医疗档案的数字化管理，可以减少原始档案的调取频率，有利于原始档案的保存，而且电子档案可以便捷、高效地调出、选择、使用。传统的医疗档案管理基本上是纸质档案，这就会造成查阅不方便、耗费时间长，甚至会因长时间、高频率的翻阅和使用而造成原始档案的破坏，并且很难修复，加上纸质档案在阳光、水分等外在环境的影响下会出现破损、褪色，也容易造成档案信息受损。医疗档案数字化后就不会出现以上情况，有利于档案的长期、完好保存。

五、医疗档案数字化管理的问题

任何一项工作的开展都不是一蹴而就的，需要循序渐进地完成，医疗档案的数字化工作也是如此，这是一项系统化的工作，在此期间难免会出现一些问题。

（一）数字化管理制度问题

医疗档案的数字化管理是一项系统的工作，涉及多个方面，只有建立健全管理制度才能使工作有序开展。针对纸质档案的数字化处理问题，2017 年的《纸质档案数字化规范》明确了相关的规定和管理。比如，明确了纸质档案数字化的全过程，涉及数字化处理之前、数字化处理过程中、数字化处理后的管理。但是对于医疗档案数字化管理的规范却未进行统一的规定，对病历的管理则有一些零散的规定。比如《电子病历基本规范》《医疗机构病历管理规定》《电子病历系统功能规范（试行）》，在这些文件中主要是对电子病历的相关事项进行了规定。

（二）数字化管理人才问题

医疗档案的数字化管理人才因为需要具备档案管理、医疗、计算机数字化等多方面的知识，所以需要复合型的专业人才。复合型专业人才需满足以下要求。首先是具备档案管理的相关专业知识。医疗档案数字化管理的本质是档案管理，这离不开档案管理的专业知识，尤其是档案的收集、分类、鉴别、整理、归档、编研等环节都需要档案专业知识作为基础，当进行档案信息的鉴别和筛选时，既不能把无用的档案信息堆积，也不能使有用的档案信息被忽略甚至遗失。其次是医疗专业的知识，医疗档案管理涉及一些医疗专业名词和病历管理，医生的一些手写处方和报告需要档案管理者进行识别，因此只有具备医疗知识才能辨别和分类。最后是具备现代化的计算机数字化知识。数字化建设与管理不仅包含档案信息的检索、平台的维护，还会涉及使用者的信息保护，这些都要求档案管理者必须具备相关的信息化知识，保证医疗档案的数字化系统的正常运转，从而更好地为使用者提供服务。

（三）数字化管理安全问题

医疗档案的数字化管理涉及的安全问题主要是两个方面，即医疗患者的隐私问题和数字化管理不足问题。首先是医疗患者的隐私问题，医疗患者的档案中包含姓名、性别、身份证号、家庭住址、既往病史、就诊结果等多方面的信息，一旦出现患者信息泄露就会导致患者对医院产生不信任，这将不利于患者疾病的康复和医院的发展。其次数字化管理不足问题，这个问题一是体现在存在信息被篡改的风险；二是运行环境潜在的风险。信息被篡改的风险主要是指电子文件、档案的数据信息被篡改，文档信息不像图像信息一样，一旦被篡改很难发现，这样会对原始的档案数据造成破坏，对医生的诊断和患者的康复造成干扰。运行环境潜在的风险指的是网络环境的风险较大，会出现病毒的入侵等，一旦出现这种情况就会造成数据的丢失或泄露，甚至出现大面积的网络瘫痪，让医疗工作运转出现困难。

六、医院档案数字化管理的策略

（一）进一步完善配套制度

当前，医疗档案数字化管理的主要参照规范为《医疗机构病历管理规定》，该规定从病历的建立、保管、借阅与复制、封存与启封及保存等几个方面对病历的管理进行了比较细致的规定。而《纸质档案数字化规范》是纸质档案开展数字化管理的主要参考标准。上述两个规范能为医疗档案的数字化管理提供指导，但随着医疗档案数字化建设进程的推进，必然会出现新的难题，仅仅依靠当前的管理规范难以适应医疗档案数字化建设的发展，因此根据发展需求完善相关配套制度十分必要。此外，随着医疗档案数字化进程的不断推进，电子医疗档案将逐步成为医疗档案的主要存在形式，但目前并没有相关法律对电子病历的法律效力提出明确的规定，该类法律规范的缺失将在一定程度上影响医疗档案数字化的长远、有序发展。此外，因经济、地域、文化及规模等因素的影响，各地区、各医院的发展情况相差甚远，因此制定相关配套制度应全面考虑各种有关因素。一般而言，国家从整体层面制定相关制度，各地区结合区域实际进一步细化标准，各医院以本院情况为基础参照执行，这样才能满足各级各类医院的具体需求，进而推动医疗档案数字化建设进程。

（二）进一步强化人才培养

医疗档案的数字化管理人才因为涉及档案管理、医疗、计算机数字化等多方面的知识，需要复合型的专业人才，但是具有这三类知识的人才很少，引进这方面的人才也比较困难，这就需要医疗机构从原本的档案管理人员入手，强化档案管理的人才培养，具体如下：第一，积极组织相关的人员参加专题培训，针对档案学、医疗、计算机信息化三方面进行专题培训，使医疗档案管理工作者及时了解行业动态，及时更新思想，加强与其他专业人士的沟通和交流，不断丰富自身的知识体系，强化能力。第二，举办专题讲座，医疗系统是一个庞大的系统，每个医院的医疗档案的数字化水平不一致是客观事实，这时候加强各个医院的交流与合作显得至关重要。可以邀请高水平的医疗档案数字化医院进行专题讲座，针对现实中出现的问题互相交流、共同探讨，提出解决方案，这不仅使相关人才的经验得到了积累而且还丰富了其知识，还能对现实中出现的医疗档案的数字化过程中的安全问题、隐私问题、保存与利用问题交换意见，以寻求更好的发展。

（三）进一步加强安全防范

医疗档案数字化管理的安全防范可以从以下三个方面着手：一是思想意识层面。这个层面一方面是指医护人员，特别是档案管理人员要树立良好的职业道德和保密意识，注重患者的隐私保护，不随意泄露、偷看、篡改他人的医疗信息。医院可以建立医务人员"个人医德档案"，将保护患者隐私作为重要条款，并将此项作为职务晋升、职称评定的重要依据。另一方面，患者也应注重自身隐私的保护，不轻易透露个人信息，就医时保护好个人物品。二是保密技术层面。充分利用现代加密技术服务医疗档案数字化管理，患者面部识别系统、指纹识别系统、身份证识别系统及就诊一卡通系统等等。医疗档案管理系统设专人管理，外部访问须在线申请并获得授权才能利用相关信息，访问者须实名注册，明确档案信息利用目的，严格执行程序。三是运行安全层面。医疗档案数字化管理需要一个安全的运行环境，档案系统须定期杀毒、设置防火墙，实时监测网络的安全情况，遇到问题及时解决。各医院须设置专项经费用于网络的维护，以确保系统的正常运行。

参考文献

[1] 余亚荣，毕建新.《"十四五"全国档案事业发展规划》解读：构建基于信任的国家电子档案管理体系 [J]. 山西档案，2021(05)：93-99.

[2] 李沐妍. 文件档案管理领域区块链技术应用研究综述 [J]. 图书情报知识，2021，38(04)：72-80，71.

[3] 戴尚方，张斌. 论镜像型区块链档案管理系统在当前数字档案环境下的适用条件 [J]. 档案学研究，2021(03)：106-112.

[4] 陈怡. 互联网技术视角下我国档案管理的发展逻辑、历程与趋向 [J]. 档案学研究，2021(03)：141-148.

[5] 史江，罗紫菡. "智能＋"时代档案管理方法创新探讨 [J]. 档案学研究，2021(02)：54-59.

[6] 左晋佺，张晓娟. 基于信息安全的双区块链电子档案管理系统设计与应用 [J]. 档案学研究，2021(02)：60-67.

[7] 薛庆香，于英香. 区块链技术在突发公共卫生事件档案管理中的应用研究 [J]. 山西档案，2021(02)：62-70.

[8] 程媛，张博闻，李鑫. 档案学虚拟仿真实验教学平台的建设与应用——基于武汉大学《专门档案管理》课程的案例研究 [J]. 山西档案，2021(02)：135-143.

[9] 刘越男. 数据治理：大数据时代档案管理的新视角和新职能 [J]. 档案学研究，2020(05)：50-57.

[10] 郭若涵，徐拥军. 后现代档案学理论在突发公共卫生事件档案管理中的应用 [J]. 档案学通讯，2020(03)：60-67.

[11] 闫慧. 2019 年中国图书情报与档案管理领域研究热点回顾 [J]. 情报资料工作，2020，41(02)：5-19.

[12] 冯惠玲，闫慧，张姝婷，于子桐，陈思雨，高春芝，韩蕾倩，张钰浩. 中国图书情报与档案管理教育发展研究：历史与现状 [J]. 中国图书馆学报，2020，46(01)：38-52.

[13] 赵屹 . 电子文件防篡改技术发展对档案管理的影响及启示 [J]. 档案学研究，2019(06)：77-85.

[14] 张海红 . 大数据时代医院档案数据管理研究 [J]. 山西档案，2019(06)：86-92.

[15] 周小韵 . 区块链技术在学生档案管理中的应用模式探究 [J]. 南京理工大学学报 (社会科学版)，2019，32(06)：52-57.

[16] 陈雪燕，于英香 . 从档案管理走向档案数据管理：大数据时代下的档案管理范式转型 [J]. 山西档案，2019(05)：24-32.

[17] 王露露 . 华为境外企业档案管理的特征与启示 [J]. 档案学研究，2019(04)：56-65.

[18] 李子林，熊文景 . 人工智能对档案管理的影响及发展建议 [J]. 档案与建设，2019(06)：10-13+9.

[19] 金波，晏秦 . 从档案管理走向档案治理 [J]. 档案学研究，2019(01)：46-55.

[20] 加小双 . 档案学与数字人文：档案观的脱节与共生 [J]. 图书馆论坛，2019，39(05)：10-16.

[21] 徐拥军，张臻，任琼辉 . 我国档案管理体制的演变：历程、特点与方向 [J]. 档案学通讯，2019(01)：15-22.

[22] 闫慧 . 青年学者论图情档一级学科核心知识及发展方向——2019 年图书情报与档案管理青年学者沙龙会议述评 [J]. 中国图书馆学报，2019，45(01)：121-127.

[23] 刘越男 . 区块链技术在文件档案管理中的应用初探 [J]. 浙江档案，2018(05)：7-11.

[24] 王苏醒 . 大数据环境下服务型公安户籍档案管理模式构建研究——以 W 市公安智慧档案系统为例 [J]. 电子政务，2017(11)：81-90.

[25] 楼雯，樊宇航，赵星 . 流动与融合——我国图书情报与档案管理学科点师资结构研究 [J]. 中国图书馆学报，2017，43(06)：99-112.

[26] 陈慰 . 浅谈特种设备电子检验报告档案管理 [J]. 特种设备安全技术，2016(04)：58-60.

[27] 钱振兴，董伟 . 员工成长档案管理的研究与实践 [J]. 湖州师范学院学报，2015，37(S1)：190-193.

[28] 周文泓 . 社交媒体环境中的参与式档案管理模式探析 [J]. 图书情报工作，2014，58(15)：116-122.

[29] 李英 . 我国图书情报与档案管理学科研究现状剖析——基于 2009-2013 年国家自然科学基金和国家社会科学基金立项的分析 [J]. 图书情报工作，2014，58(09)：31-36.

[30] 齐玉民 . 浅议档案信息资源的开发利用 [J]. 内蒙古民族大学学报，2005，11(01)：127-128.